EXPERIMENTE A *Ciência*

8º ano

HELENI STROEDER
Doutora em Ciências na área de Parasitologia pela Universidade de São Paulo
Bacharel em Ciências Biológicas pela Universidade de São Paulo
Professora de Ciências da rede particular de ensino na cidade de São Paulo

LUCIANA BARÃO ACUÑA
Mestre em Ciências na área de Ecologia: ecossistemas terrestres e aquáticos pela Universidade de São Paulo
Especialista em Gestão Ambiental pelo Centro Universitário SENAC
Bacharel e Licenciada em Ciências Biológicas pela Universidade de São Paulo
Professora de Ciências da rede particular de ensino na cidade de São Paulo

SIMONE APARECIDA BACIC
Especialista em Ecologia pela Universidade de Guarulhos
Bacharel e Licenciada em Ciências Biológicas pela Universidade de Guarulhos
Professora de Ciências e Biologia da rede particular de ensino na cidade de São Paulo

SUZANA SOUZA SOUTO DE OLIVEIRA
Doutora em Ciências na área de Ciências Morfofuncionais pela Universidade de São Paulo
Fonoaudióloga pela Faculdade de Medicina da Universidade de São Paulo
Professora de Ciências da rede particular de ensino na cidade de São Paulo

editora HARBRA

Sumário

Direção Geral: Julio E. Emöd
Supervisão Editorial: Maria Pia Castiglia
Programação Visual e Capa: Mônica Roberta Suguiyama
Fotografias da Capa: Shutterstock
Impressão e Acabamento: Gráfica Forma Certa

Experimente a Ciência – 8º ano

Rua Joaquim Távora, 629 – 04015-001 – São Paulo – SP
Tel.: (0.xx.11) 5084-2482. Fax: (0.xx.11) 5575-6876
Endereço eletrônico: www.harbra.com.br

ISBN 978-85-294-0508-7

Impresso no Brasil *Printed in Brazil*

CIP-Brasil. Catalogação na Publicação
SINDICATO NACIONAL DOS EDITORES DE LIVROS, RJ

E96

Experimente a ciência: 8. ano / Heleni Stroeder ... [et al.]. - 1. ed. - São Paulo : HARBRA, 2018.
64 p. : il. ; 28 cm.

ISBN 978-85-294-0508-7
ISBN 978-85-294-0511-7 (coleção)

1. Ciências - Estudo e ensino (Ensino Fundamental). I. Stroeder, Heleni. II. Título.

17-46091 CDD: 372.35
CDU: 373.3.016:5

Apresentação

O despertar da curiosidade pela ciência se dá de forma intensa quando permitimos aos alunos a possibilidade de vivenciar, na prática, os conteúdos estudados de forma teórica. Acreditamos que as aulas práticas no laboratório de ciências são importantes recursos pedagógicos, pois permitem ao aluno envolver-se no seu processo de aprendizagem, realizando observações e questionamentos, elaborando hipóteses, coletando e analisando dados, discutindo resultados e tirando conclusões.

Nessa perspectiva, as aulas práticas tornam o laboratório um espaço de desenvolvimento investigativo, onde o aluno tem a oportunidade de construir seu conhecimento através do método científico.

A possibilidade de trabalhar em grupos no laboratório permite ainda, ao aluno, desenvolver suas habilidades sociais ao expor oralmente suas ideias, manifestando suas opiniões, concordâncias e discordâncias e ao estabelecer conexões com os demais membros do grupo, fortalecendo o trabalho em equipe.

Neste volume, propomos um conjunto de práticas que abrangem o conteúdo trabalhado em Ciências no 8º ano do Ensino Fundamental: os diferentes sistemas do corpo humano e seu funcionamento.

Boas experiências!

As autoras

Segurança nas aulas práticas

Normas de utilização e segurança:

- Sempre lavar as mãos antes e depois das aulas.
- Não levar alimentos ao laboratório.
- Quando for orientado pelo professor, usar luvas descartáveis para a realização das práticas.
- As substâncias químicas não devem ser cheiradas e nem levadas à boca.
- Caso haja quebra de material, o aluno deverá chamar imediatamente o professor.
- O aluno deverá sempre esperar a orientação do professor antes de realizar o experimento.
- Para sua segurança, nunca introduza objetos nas tomadas.
- Cuide adequadamente do material do laboratório, pois ele é parte integrante de seu aprendizado.
- Leve ao laboratório apenas os materiais que serão utilizados durante a aula (livro de laboratório, lápis e borracha para anotações).

ALEXHLIV/SHUTTERSTOCK

ALOHAFLAMINGGO/SHUTTERSTOCK

Aula 1

MICROSCÓPIO ÓPTICO: FOCO E AUMENTO

INTRODUÇÃO: O microscópio, por meio de um conjunto de lentes, é um aparelho utilizado para ampliar estruturas impossíveis de serem observadas a olho nu, como, por exemplo, as células, permitindo seu estudo. Esse aparelho é constituído por uma parte mecânica (estruturas de suporte) e uma parte óptica (conjunto de lentes). O aumento total de um microscópio é igual ao aumento da lente objetiva multiplicado pelo aumento da lente ocular.

Observe a imagem a seguir com as principais partes de um microscópio óptico:

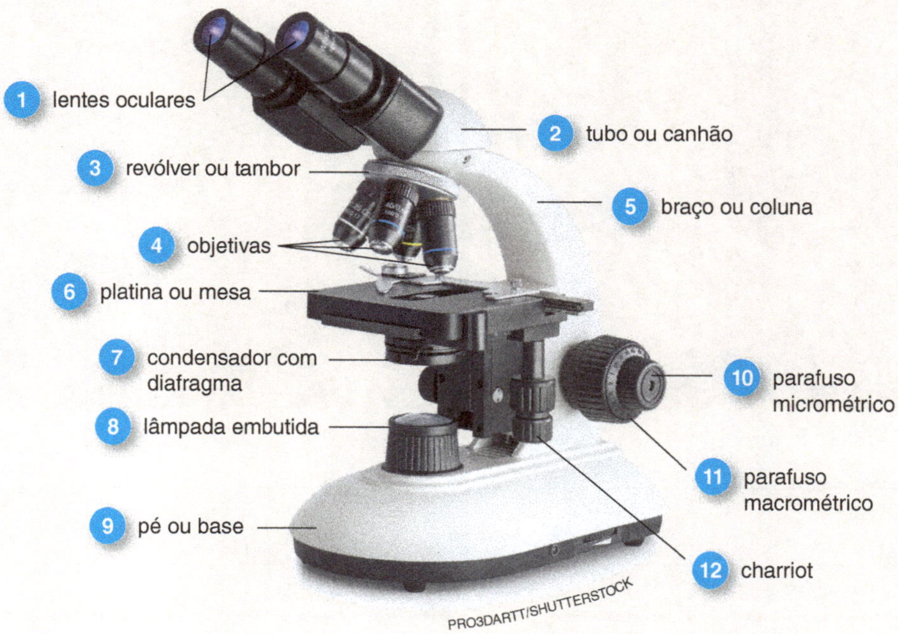

OBJETIVOS

- Treinar o manuseio do microscópio óptico, o ajuste do foco e a escolha da melhor objetiva para visualização de determinado campo visual, utilizando lâminas histológicas previamente preparadas.
- Calcular o aumento total visualizado no microscópio.

MATERIAIS

- lâmina histológica de rim
- microscópio

PROCEDIMENTO

1. Colocar a objetiva de menor aumento na posição e puxar a presillha.
2. Colocar a lâmina sobre a platina no encaixe, soltar a presilha e subir a platina.

③ Utilizar o charriot e colocar o material bem na direção da luz.

④ Com os olhos na ocular, regular o botão macrométrico, até encontrar o material. Com o botão micrométrico focalizar o tecido.

RESULTADOS E CONCLUSÕES

1. Se você quiser ter uma visão geral do tecido, qual objetiva deve usar? E se quiser observar detalhes da imagem?

____

____

____

2. Observe as imagens a seguir e determine a objetiva utilizada e o aumento total em cada caso.

HELENI STROEDER/ SUZANA SOUZA SOUTO DE OLIVEIRA

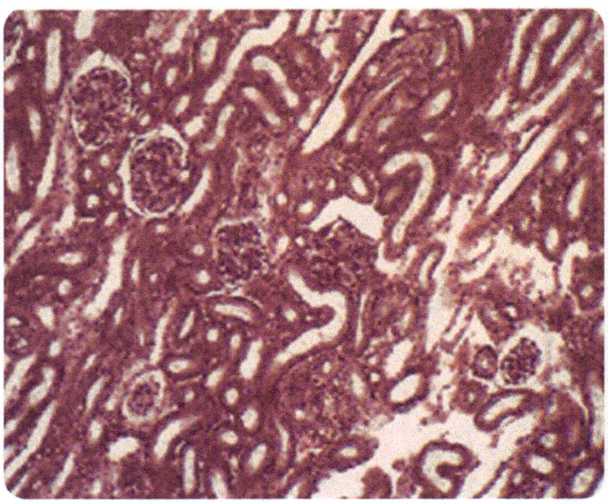

Figura 1

Objetiva: ______________________________

Aumento total: ______________________________

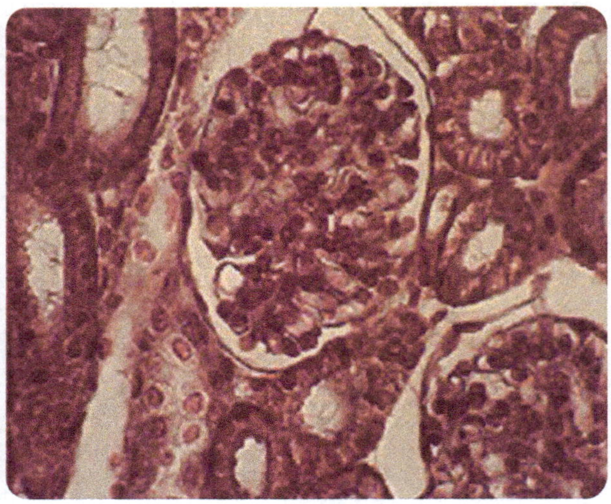

Figura 2

Objetiva: ______________________________

Aumento total: ______________________________

HELENI STROEDER/ SUZANA SOUZA SOUTO DE OLIVEIRA

3. Esquematize o observado com a objetiva de maior aumento.

Objetiva: ______________________________

Aumento total: ______________________________

Aula 2

OSMOSE E DIFUSÃO

INTRODUÇÃO: A membrana plasmática é semipermeável, pois permite a passagem de algumas substâncias – e de outras não – para garantir a sobrevivência da célula.

A passagem de substâncias pela membrana celular tanto pode acontecer com gasto de energia (transporte ativo), quanto sem gasto de energia (transporte passivo).

A osmose e a difusão são exemplos de transporte passivo.

OBJETIVOS

- Identificar a ocorrência de osmose e de difusão através de membrana semipermeável.
- Observar microscopicamente, em lâminas de elódea previamente preparadas, as alterações na célula vegetal após ocorrência de osmose.

MATERIAIS

- pedaços de celofane presos a tubos plásticos com elásticos
- lâminas de elódea em água e em solução de água e açúcar
- solução de água com amido (farinha)
- béquer
- solução de lugol
- microscópio
- batata
- açúcar

PROCEDIMENTO

Experimento 1

1. Colocar a solução de lugol no béquer.
2. Colocar a solução de água com amido no interior do tubo plástico e mergulhá-lo no béquer, colocando a superfície do celofane em contato com a solução de lugol, como no esquema ao lado.
3. Aguardar alguns minutos e observar o que ocorreu.

SUZANA SOUZA SOUTO DE OLIVEIRA

Experimento 2

❶ Cortar a batata ao meio e escavar o miolo das duas metades, conforme o esquema ao lado.

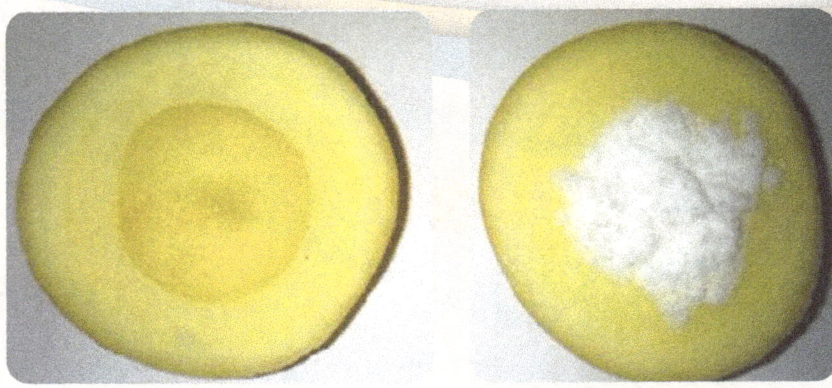

SUZANA SOUZA SOUTO DE OLIVEIRA

Controle — Açúcar

❷ Deixar uma metade como controle e na outra metade adicionar uma colher de açúcar.

Enquanto se aguarda a ocorrência dos transportes nas duas atividades, realizar o Experimento 3.

Experimento 3

❶ Observar ao microscópio a lâmina de elódea em água e a lâmina de elódea em solução de água e açúcar.

RESULTADOS E CONCLUSÕES

1. Descreva o que ocorreu na solução presente no interior do tubo plástico. Identifique o tipo de transporte que justifica o resultado obtido.

2. Compare e descreva o que ocorreu em cada uma das metades da batata. Identifique o tipo de transporte que justifica o resultado obtido.

3. Descreva o que foi observado em cada uma das lâminas de elódea.

EXTRAÇÃO DO DNA DE MORANGOS

INTRODUÇÃO: O principal material genético encontrado em nossas células é o DNA, localizado, em maior parte, no núcleo. Ele é responsável pelo comando do metabolismo celular, bem como pela transmissão das características hereditárias.

OBJETIVO: Observação (macroscópica) de um conjunto de moléculas de DNA.

MATERIAIS

- 1 morango
- 1 colher de detergente
- 1 colher de água morna
- 1 tubo de ensaio
- 1 folha de papel-filtro
- álcool isopropílico
- 1 saco plástico pequeno
- 1 pitada de sal
- 1 estante para tubo de ensaio
- 1 funil
- 1 palito de churrasco

PROCEDIMENTO

1. Colocar o morango (sem cabinho e folhinhas) no saco plástico, fechar bem e, com as mãos, amassá-lo.
2. Abrir o saquinho, adicionar o detergente, o sal e a água morna. Fechar novamente o saquinho e misturar muito bem.
3. Dobrar o papel-filtro duas vezes ao meio para encaixá-lo no funil, como mostra a Figura 1.

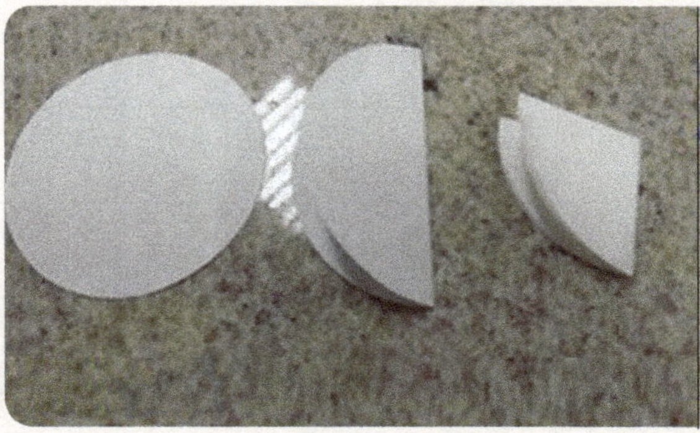

Figura 1

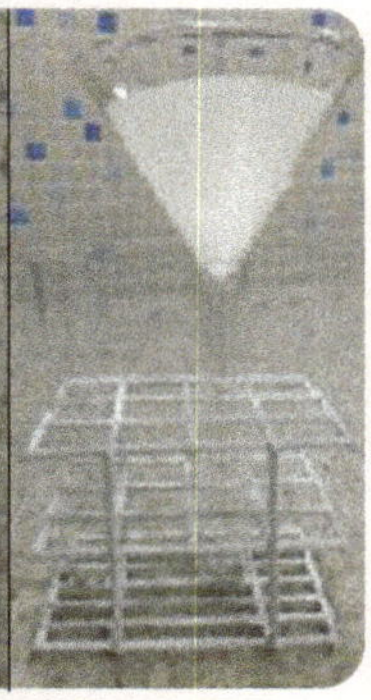

Figura 2

SUZANA SOUZA SOUTO DE OLIVEIRA

4. Colocar o funil dentro do tubo de ensaio e, em seguida, deixar o conjunto apoiado na estante, como mostra a Figura 2.
5. Colocar a solução do saquinho no funil para que seja filtrada.
6. Adicionar o álcool isopropílico, aos poucos, escorrendo pela lateral do tubo (aproximadamente a mesma quantidade que a da solução filtrada), como na Figura 3 ao lado.
7. Retirar o conjunto de moléculas de DNA com a ponta do palito.

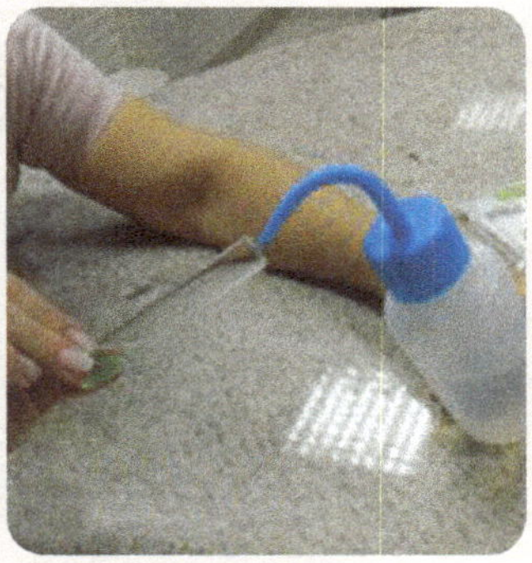

SUZANA SOUZA SOUTO DE OLIVEIRA

Figura 3

CONCLUSÕES

1. a) Qual é o objetivo de amassarmos o morango?

b) Qual é a função do detergente neste processo?

c) Qual é o objetivo de usarmos o álcool?

2. O que foi coletado com o palito corresponde ao DNA de apenas uma célula? Justifique.

Aula 4

ESTUDO DOS TECIDOS

INTRODUÇÃO: O corpo humano é constituído por diferentes tipos de células, especializadas em realizar diversas funções que, organizadas em grupos, constituem os tecidos.

A pele é um órgão formado basicamente por dois tecidos: o tecido epitelial de revestimento (cuja principal função é revestir a superfície corporal externa, órgãos e cavidades internas) e o tecido conjuntivo propriamente dito (suas principais funções são o preenchimento dos espaços intercelulares e fazer a ligação entre órgãos e tecidos diversos). Na pele, encontram-se distribuídas as glândulas, formadas por tecido epitelial glandular constituído por um conjunto de células especializadas na produção e liberação de secreção.

OBJETIVOS

- Observar lâminas com cortes de pele.
- Identificar os tecidos epitelial de revestimento, glandular (glândulas sudorípara e sebácea) e tecido conjuntivo propriamente dito.
- Observar tecido conjuntivo adiposo (hipoderme).
- Caracterizar as camadas da pele.

MATERIAIS

- lâminas histológicas de pele previamente preparadas
- microscópio

PROCEDIMENTO

1. Observar a lâmina do corte transversal da pele. Depois, completar o esquema abaixo e comparar com a Foto 1.

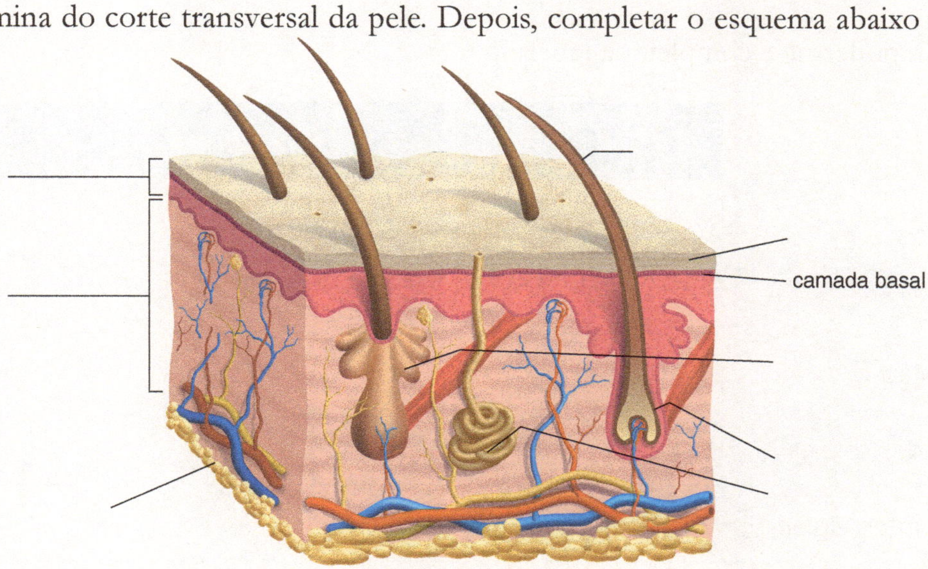

VECTORISM/SHUTTERSTOCK

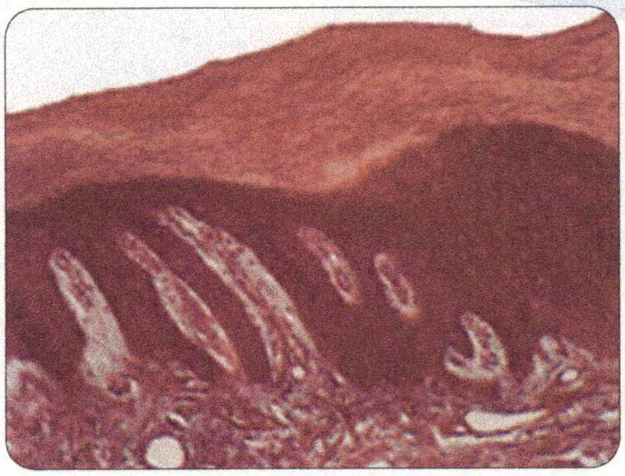

Foto 1

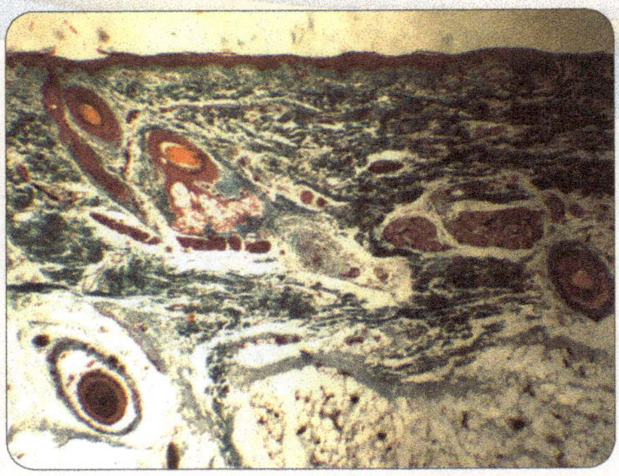

Foto 2

2 a) Após a observação da lâmina de pele humana, caracterizar as duas camadas que formam a pele e completar a tabela:

	Epiderme	Derme
Tecido		
Células		
Vascularização		
Disposição das células		
Substância intercelular		

b) Caracterizar:

b.1) as glândulas presentes na derme. Determinar o tecido que as formam.

____

____

b.2) a hipoderme e completar a tabela:

	Hipoderme
Tecido	
Células	
Vascularização	
Disposição das células	
Substância intercelular	

Aula 5

TECIDOS CONJUNTIVOS: ÓSSEO, CARTILAGINOSO E SANGUÍNEO

INTRODUÇÃO: Os tecidos conjuntivos caracterizam-se por apresentarem diversos tipos de células imersas em grande quantidade de substância intercelular (matriz), que é sintetizada pelas próprias células do tecido.

OBJETIVO: Observar e caracterizar os diferentes tipos de tecidos conjuntivos (ósseo, cartilaginoso e sanguíneo) através da observação de lâminas histológicas previamente preparadas.

MATERIAIS

- lâminas histológicas de tecido ósseo, cartilaginoso e sanguíneo
- microscópio

PROCEDIMENTO

1. Observar o corte do tecido presente na lâmina, identificar no atlas ao final do volume a figura que o representa, colocando-a no espaço reservado.

RESULTADOS E CONCLUSÕES

Lâmina 1

Objetiva: ______________________

Aumento total: ______________________

1. Classificação do tecido observado:

____

____

2. Principais características observadas:

____

____

Lâmina 2

Objetiva: ____________________

Aumento total: ____________________

1. Classificação do tecido observado:

____

____

2. Principais características observadas:

____

____

____

____

____

Lâmina 3

Objetiva: ____________________

Aumento total: ____________________

1. Classificação do tecido observado:

____

____

2. Principais características observadas:

____

____

____

____

____

Aula 6

TECIDOS MUSCULARES E NERVOSO

INTRODUÇÃO: Os tecidos musculares são constituídos por células alongadas denominadas fibras musculares ou miócitos, ricas em filamentos de proteínas, actina e miosina, responsáveis pela capacidade de contração e relaxamento que resultam em locomoção e diversos movimentos do corpo.

O neurônio é a principal célula do tecido nervoso. A função desse tecido é receber os estímulos, interpretá-los e elaborar a resposta adequada.

OBJETIVO: Observar e caracterizar os diferentes tipos de tecidos musculares e tecido nervoso por meio da observação de lâminas histológicas previamente preparadas.

MATERIAIS

- lâminas histológicas de tecidos musculares e nervoso
- microscópio

PROCEDIMENTO

1. Observar o corte do tecido presente na lâmina, identificar no atlas ao final do volume a figura que o representa, colocando-a no espaço reservado.

RESULTADOS E CONCLUSÕES

Lâmina 1

Objetiva: ______________________

Aumento total: ______________________

1. Classificação do tecido observado:

____

____

2. Principais características observadas:

____

____

Lâmina 2

Objetiva: ____________________

Aumento total: ____________________

1. Classificação do tecido observado:

____

____

2. Principais características observadas:

____

____

____

____

____

Lâmina 3

Objetiva: ____________________

Aumento total: ____________________

1. Classificação do tecido observado:

____

____

2. Principais características observadas:

____

____

____

____

____

Lâmina 4

Objetiva: ______________________

Aumento total: ______________________

1 Classificação do tecido observado:

____

____

2 Principais características observadas:

____

____

____

____

____

COMPOSTOS ORGÂNICOS NOS ALIMENTOS

INTRODUÇÃO: As células do nosso corpo necessitam de determinados compostos orgânicos para realizar seu metabolismo. Podemos identificar esses compostos nos alimentos por meio de reações químicas (alteração na cor, aspecto etc.), por exemplo.

OBJETIVO: Identificar alguns compostos orgânicos presentes nos alimentos.

MATERIAIS

- amido de milho dissolvido na água
- água com açúcar comum (sacarose)
- creme de chocolate branco dissolvido em água
- tubos de ensaio
- reativo de Benedict
- hidróxido de sódio e sulfato de cobre (biureto)
- glicofita
- leite integral
- papel-filtro
- lugol (ou tintura de iodo)
- estante para tubo de ensaio

PROCEDIMENTO

1. Cada grupo fará os testes dos 4 compostos orgânicos em um tipo de alimento.

Reagentes	Quantidades nos alimentos
Lugol ou tintura de iodo	10 gotas
Benedict	10 gotas e aquecer
Glicofita	deixar alguns segundos em contato com a solução
Biureto	25 gotas

Observação: o papel-filtro deverá ser molhado no alimento pesquisado.

Como representar sua resposta: + indica presença e – indica ausência

TABELA DE ALTERAÇÕES DOS REAGENTES

Composto orgânico	Reagente	Alteração ocorrida
Amido	lugol (amarelo)	cor roxa
Glicose	Benedict (azul)	cor alaranjada após aquecimento
	glicofita (amarelo)	cor verde / azul
Proteína	biureto (azul claro)	cor lilás / azul
Lipídio		mancha*

* O lipídio adere às fibras do papel (ou tecido), deixando uma mancha.

RESULTADO

	Amido	Glicose	Proteína	Lipídio
Amido de milho				
Açúcar*		*		
Leite				
Chocolate branco				

* O açúcar comum é sacarose, formada por frutose e glicose. O aquecimento quebra a molécula de sacarose e pode-se evidenciar a glicose

CONCLUSÕES

Dos alimentos testados:

a) Qual(is) é(são) o(s) alimento(s) mais completo(s) em termos de compostos orgânicos?

____

____

b) Qual(is) é(são) o(s) energético(s)

direto(s)? ______________________________________

____

indireto(s) (reserva)? ______________________________

____

ATIVIDADE ENZIMÁTICA (AMILASE SALIVAR)

INTRODUÇÃO: Os compostos orgânicos, presentes nos alimentos, nem sempre são encontrados na forma que serão absorvidos pela célula. Na maior parte das vezes precisam ser degradados (digeridos) em compostos mais simples.

A digestão química em nosso organismo acontece com a participação de enzimas, como a amilase salivar.

OBJETIVOS

- Evidenciar a ação da enzima amilase salivar.
- Reconhecer a influência da temperatura sobre a ação da enzima amilase salivar.

MATERIAIS

- tubos de ensaio com solução de água e amido de milho
- saliva (amilase salivar) em temperatura ambiente
- saliva (amilase salivar) fervida
- saliva (amilase salivar) refrigerada
- solução de lugol (ou tintura de iodo)
- estante para tubos de ensaio

PROCEDIMENTO

1. Colocar solução de água e amido de milho em 3 tubos de ensaio e acrescentar em cada um deles:
   1 – saliva fervida,
   2 – saliva refrigerada,
   3 – saliva em temperatura ambiente.
2. Anotar o tempo de contato.

Tubo	Material	Tempo de contato
T_1		
T_2		
T_3		

3. Em seguida, pingar 3 a 5 gotas de lugol (ou tintura de iodo) em cada tubo.

Observação:

Coloração { roxa – indica presença de amido
amarela – indica ausência de amido }

RESULTADOS

Tubo	Resultado	Conclusão
T_1		
T_2		
T_3		

NOTA: A temperatura é um fator que influencia a atividade enzimática. Em baixas temperaturas, uma enzima pode ficar inativa, porém isso pode ser revertido ao aumentarmos a temperatura.

O aumento de temperatura faz com que a agitação das moléculas seja maior e, ao se chocarem com mais frequência, são maiores as possibilidades de reação. Porém, ao ultrapassar determinada temperatura, a agitação das moléculas se torna tão intensa que "deforma" a enzima e ela desnatura, perdendo a sua função, mesmo que a temperatura seja reduzida (processo irreversível).

1. Como a fervura da saliva (enzima) interferiu no resultado?

____

____

____

2. Esboce um gráfico que represente a relação entre a temperatura e a atividade da amilase salivar.

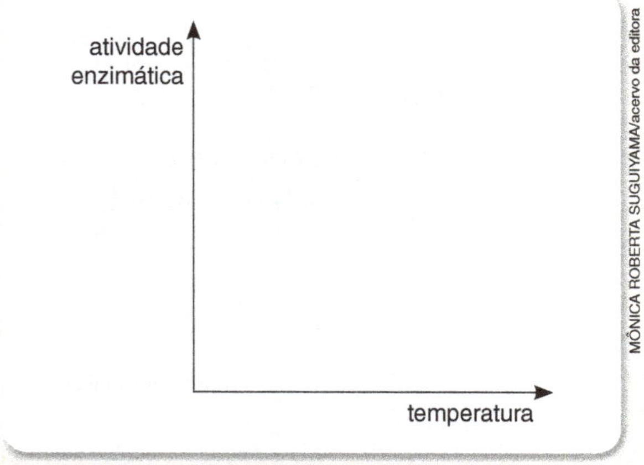

MÓNICA ROBERTA SUGUIYAMA/acervo da editora

CONCLUSÃO

Por que uma febre alta, por tempo prolongado, pode ser perigosa?

____

____

____

SISTEMA RESPIRATÓRIO

INTRODUÇÃO: A principal função do sistema respiratório é realizar as trocas gasosas entre o organismo e o ambiente e, para isso, realiza movimentos respiratórios. Durante esses movimentos, o oxigênio presente no ar inspirado da atmosfera é trocado pelo gás carbônico produzido na respiração celular. Esse sistema é constituído por uma porção condutora e uma porção respiratória.

Experimento 1

OBJETIVOS

- Simular os movimentos respiratórios e identificar a porção condutora do sistema respiratório.
- Observar a anatomia do pulmão.

MATERIAIS

- 1 garrafa plástica pequena cortada, aproximadamente no meio, com a tampa perfurada para passar um tubo de plástico
- 1 bexiga pequena
- 1 bexiga grande
- 2 elásticos
- massinha de modelar para vedar a tampinha
- pulmão de boi

PROCEDIMENTO

1. Fazer a montagem conforme o esquema abaixo.
2. Puxar e empurrar a bexiga grande para colocar o modelo em funcionamento.

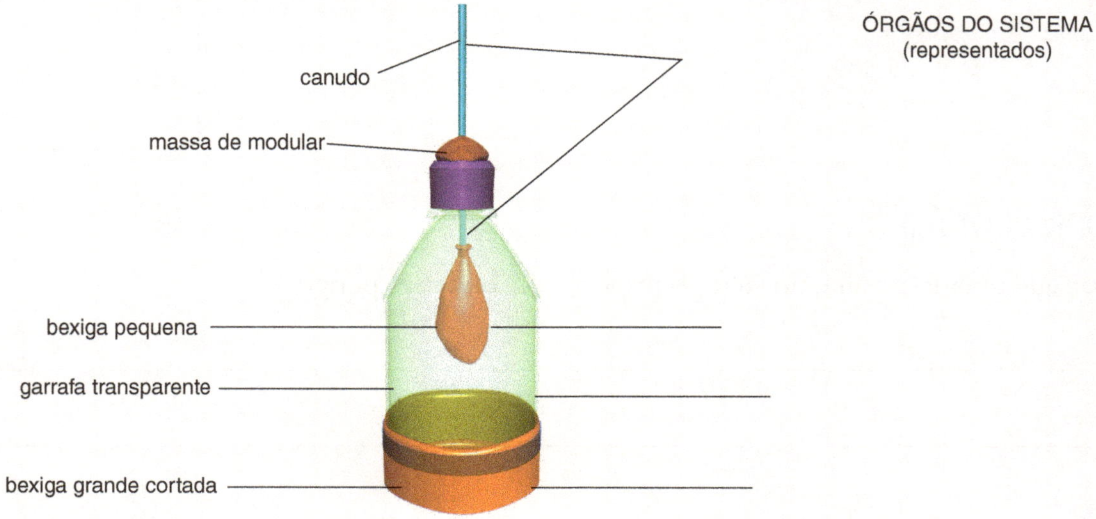

DAWIDSON FRANÇA/acervo da editora

RESULTADOS

1. Complete o esquema da página anterior com os nomes dos órgãos que cada parte do modelo representa.

2. Relacione o que ocorre com o volume e a pressão do modelo, quando:

   a) puxamos a bexiga ______________________________

   ____

   ____

   b) empurramos a bexiga ______________________________

   ____

   ____

CONCLUSÃO

Como os movimentos respiratórios provocam diferença de pressão entre o meio interno e o externo?

____

____

Experimento 2

OBJETIVO: Comprovar a eliminação de gás carbônico (CO_2) na respiração.

MATERIAIS

- 20 mL de solução de hidróxido de cálcio (água de cal)
- 2 béqueres
- canudinhos de refrigerante
- 20 mL de solução de azul de bromotimol

PROCEDIMENTO 1

Assoprar, com o canudinho, na solução de água de cal, contida em um dos béqueres.

RESULTADOS

Cor inicial da água de cal: ______________________________

Cor após a liberação de CO_2: ______________________________

Reação química:

gás carbônico + hidróxido de cálcio → carbonato de cálcio (pó branco, insolúvel)

CONCLUSÃO

____

____

____

____

____

____

PROCEDIMENTO 2

Com o canudinho, assoprar no béquer com solução de azul de bromotimol.

RESULTADO

Cor da solução de azul de bromotimol após a liberação de CO_2: ______________________

Reação química:

gás carbônico + água → ácido carbônico

CONCLUSÃO

____

____

____

____

____

Aula 10

SISTEMA CIRCULATÓRIO

INTRODUÇÃO: O sistema circulatório é formado basicamente pelo coração, vasos sanguíneos e o sangue. A circulação do sangue permite o transporte e a distribuição de nutrientes, gás oxigênio e hormônios para as células. O sangue também transporta as excretas para que possam ser eliminadas do corpo.

OBJETIVOS

- Observar a anatomia do coração e dos vasos da base.
- Observar as válvulas cardíacas.

MATERIAIS

- modelo anatômico de coração humano
- coração de boi

PROCEDIMENTO

1. Observar o modelo anatômico e o coração de boi, completar a figura a seguir, indicando vasos, válvulas e cavidades.

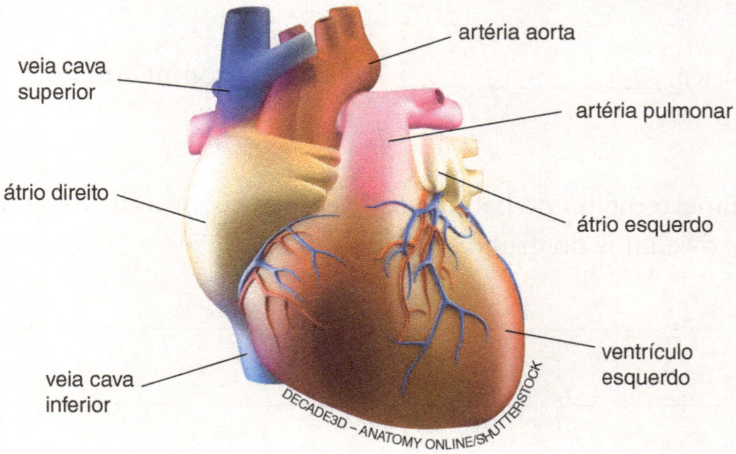

Coração de mamífero visto de frente (fechado).

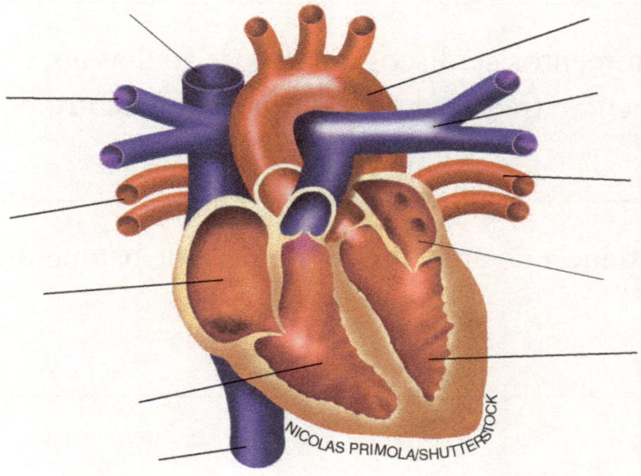

Coração de mamífero (aberto).

Experimento 1

OBJETIVO: Observar e comparar a frequência cardíaca antes e depois de atividade física.

MATERIAL: Cronômetro ou relógio que marque os segundos.

PROCEDIMENTO

1. Colocar três dedos da mão direita sobre seu pulso esquerdo. Quando sentir as pulsações, contá-las durante 15 segundos. Multiplicar esse resultado por quatro para ter o número de batimentos cardíacos em um minuto. Anotar o resultado.
2. Repetir três vezes o procedimento 1. Somar o número de pulsações nos três minutos e dividir o resultado por três. Esse valor é, em média, o número de vezes que seu coração bate em um minuto. Anotar o resultado.
3. Calcular a média de batimentos por minuto em repouso para o seu grupo. Anotar o resultado.
4. Fazer um exercício físico, durante um minuto. Logo em seguida, contar o número de pulsações em um minuto. Anotar esse resultado e compará-lo com o número de pulsações que obteve quando estava em repouso.

RESULTADOS

1. Medida dos batimentos cardíacos antes da atividade física:

1ª medida × 4	2ª medida × 4	3ª medida × 4	Média do aluno	Média do grupo

2. Após a atividade física: ________________ batimentos por minuto.

CONCLUSÕES

1. Compare o seu número médio de batimentos cardíacos com o de seus colegas. Esse número é o mesmo para todos os alunos do grupo? Explique.

____

____

____

2. O número médio de batimentos cardíacos de pessoas adultas em repouso é em torno de 70-80 por minuto. O valor médio encontrado para o seu grupo está dentro desse intervalo?

____

3. Explique qual é a importância do aumento do número de batimentos cardíacos durante o exercício físico.

____

____

Aula 11

TIPAGEM SANGUÍNEA

INTRODUÇÃO: Existe diferença entre o sangue dos indivíduos e essa diferença é caracterizada principalmente por proteínas, presentes ou não nos glóbulos vermelhos, que determinam os tipos sanguíneos.

OBJETIVO: Caracterizar os tipos sanguíneos quanto aos sistemas ABO e Rh a partir da análise de figuras.

RESULTADOS E CONCLUSÕES

1. O que significa, em termos celulares, o tipo sanguíneo?

____

____

2. Complete as tabelas a seguir.

SISTEMA ABO

Tipo de sangue	Antígeno	Anticorpo

SISTEMA Rh

Tipo de sangue	Antígeno	Anticorpo

3. Esquematize o que ocorre nas gotas de sangue da lâmina a seguir, após a adição dos anticorpos, para o tipo sanguíneo B Rh^+

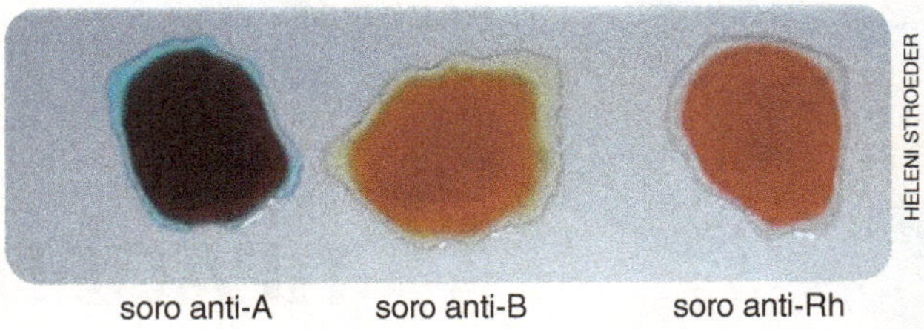

4. Observe alguns exames realizados para tipagem sanguínea e determine o tipo sanguíneo da pessoa. Indique o(s) antígeno(s) presente(s):

ANTÍGENO(S) PRESENTE(S):

____

TIPO DE SANGUE:

____

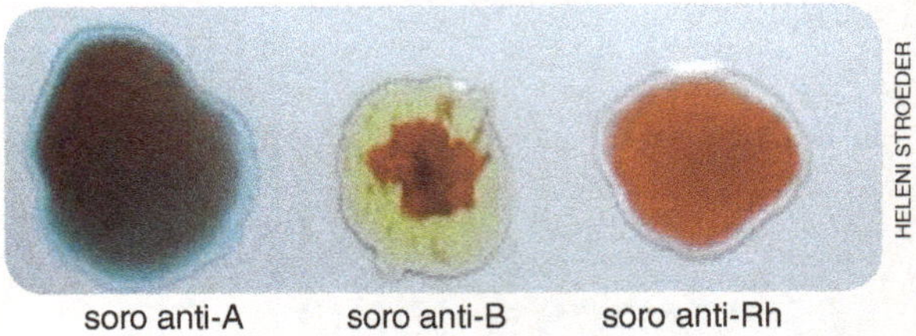

ANTÍGENO(S) PRESENTE(S):

____

TIPO DE SANGUE:

____

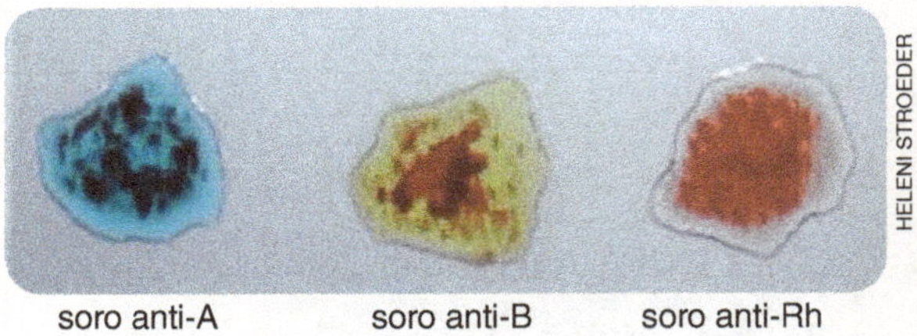

ANTÍGENO(S) PRESENTE(S):

____

TIPO DE SANGUE:

____

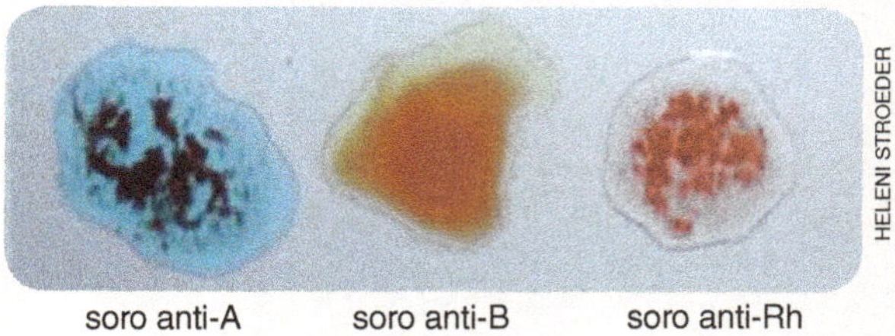

ANTÍGENO(S) PRESENTE(S):

____

TIPO DE SANGUE:

____

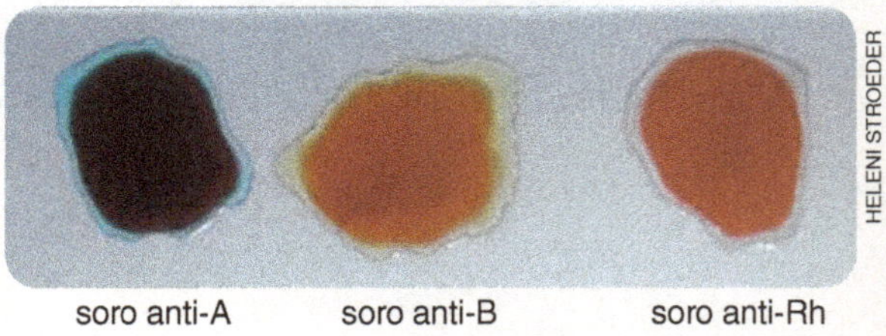

Aula 12

SISTEMA URINÁRIO – ANATOMIA

INTRODUÇÃO: O sistema urinário tem como funções principais filtrar o sangue, retirando dele principalmente excretas e substâncias em excesso, formar a urina e eliminá-la.

OBJETIVOS

- Estudar a anatomia do sistema urinário com utilização de modelo anatômico.
- Observar lâminas do córtex renal.
- Comparar os sistemas urinários masculino e feminino.

MATERIAIS

- modelos anatômicos masculino e feminino
- lâmina histológica do rim
- rim de boi
- microscópio

PROCEDIMENTO 1

1. Observar os dois modelos anatômicos.

RESULTADOS E CONCLUSÕES

1. Complete o esquema ao lado com o nome dos órgãos indicados.

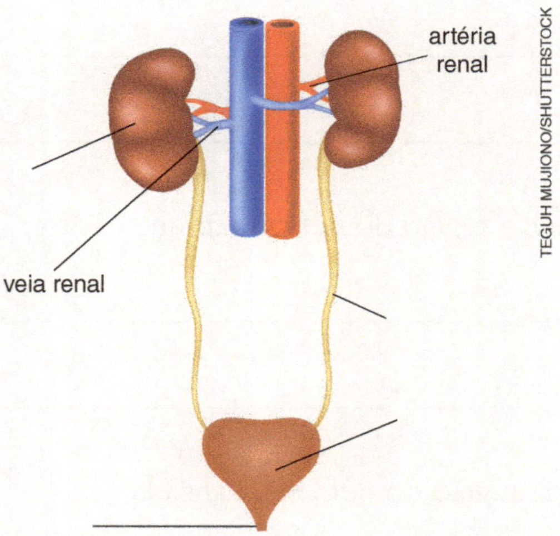

2. Complete a tabela a seguir com as diferenças entre o sistema urinário masculino e feminino.

Masculino	Feminino

PROCEDIMENTO 2

1. Observar o rim de boi.
2. Observar a lâmina ao microscópio.

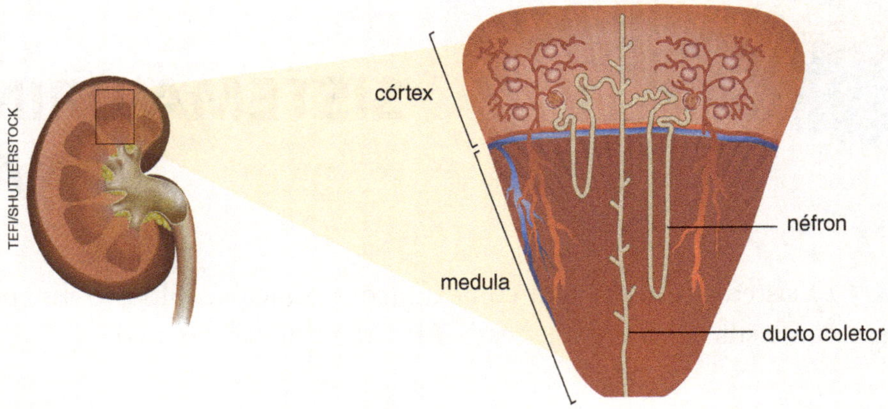

RESULTADOS E CONCLUSÕES

1. Determine as estruturas que se pede:

   a) vaso sanguíneo que transporta o sangue que chega ao rim;

   ____

   ____

   b) vaso sanguíneo que transporta o sangue que sai do rim.

   ____

   ____

2. Determine a região do néfron em que ocorre:

   a) a filtração: ______________________________

   b) a reabsorção: ______________________________

3. Determine região do néfron localizada no:

   a) córtex: ______________________________

   b) medula: ______________________________

4. Ao observar a lâmina histológica do rim, qual é a principal estrutura renal que pode ser observada?

   ____

   ____

Aula 13

SISTEMA URINÁRIO – EXAME DE URINA

INTRODUÇÃO: O exame de urina do tipo 1 fornece informações importantes sobre algumas doenças ou problemas de saúde que uma pessoa possa ter, assim como dados sobre sua condição renal. Essas informações podem ser obtidas pela análise de algumas características da urina, como, por exemplo, a quantidade, o aspecto físico, a presença ou não de elementos anormais e sua composição bioquímica. Se houver suspeita de infecção urinária, o médico pode pedir também os exames de cultura e antibiograma.

OBJETIVOS

- Analisar um exame de urina, identificar aspectos alterados e interpretar o resultado.
- Conhecer o exame de cultura de bactérias presentes na urina, analisar o antibiograma e o relacionar com a escolha do melhor antibiótico, quando necessário.

MATERIAIS

- tabela com resultados do exame de urina
- figuras de antibiograma

Atividade 1

Analisar o exame de urina a seguir.

	RESULTADO	VALOR DE REFERÊNCIA
	Exame físico	
Volume	50 mL	30-50 mL
Aspecto	turvo	límpido
Cor	amarelo citrino	amarelo citrino
pH	7,1	5,5 a 7,0
Densidade	1,03	1,015 a 1,025
	Exame químico	
Proteína	traços	negativo
Glicose	normal	normal
Leucócitos	1+	0-5 P/C
Corpos cetônicos	negativo	negativo
Hemoglobina	negativo	negativo
Bilirrubina	negativo	negativo
Urobilinogênio	normal	normal
Nitrito	negativo	negativo

Exame do sedimento		
Piócitos	ausente	ausentes
Hemácias	ausente	M: 0-5 P/C; H: 0-3 P/C
Flora bacteriana	ausente	raras
Cilindros	ausente	ausentes
Cristais	raros	ausentes
Células epiteliais	raras	raras

RESULTADOS E CONCLUSÕES

O exame de urina da página anterior apresenta aspectos alterados em relação aos valores de referência, quais são eles? Por que isso seria um indício de que o paciente está com uma infecção urinária?

____

____

____

Atividade 2

OBJETIVO: Entender como é realizado um antibiograma e interpretar seus resultados.

Uma cultura laboratorial é realizada para detectar se há alguma bactéria causadora da infecção. O material coletado (urina ou secreção) é colocado em um meio de cultura: um tipo de alimento para bactérias mais substâncias químicas que alteram a cor, dependendo do material eliminado (excreta) pela bactéria. Esse meio contendo o material coletado é deixado por algumas horas na estufa a 36 °C (temperatura adequada para o crescimento bacteriano). Dependendo da cor obtida, sabe-se qual é a bactéria instalada.

Já o antibiograma é um exame realizado para determinar o melhor antibiótico que possa combater a bactéria causadora da infeção. Em uma placa de Petri, com meio de cultura, é espalhado o material que contém as bactérias e sobre ele são colocados pequenos discos, cada um deles com um antibiótico diferente. A placa de Petri, com as bactérias e os discos, é colocada por aproximadamente 24 horas na estufa. As bactérias se reproduzem e se espalham sobre o meio de cultura, aproximando-se dos discos de antibiótico. Quanto maior o anel formado (distância) entre o disco e o crescimento bacteriano, melhor será o antibiótico.

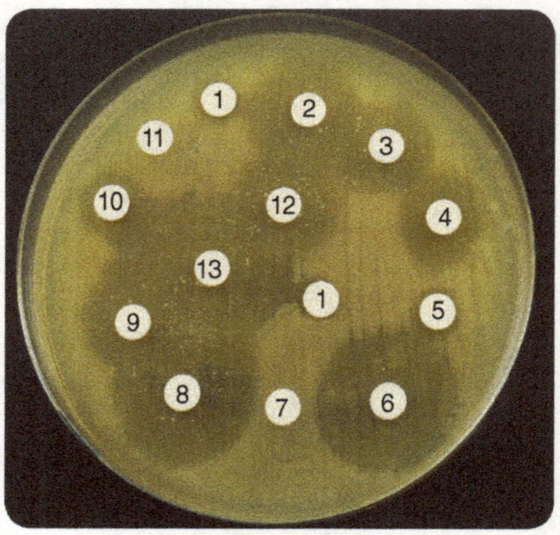

ZAHARIA BOGDAN RARES/SHUTTERSTOCK

Resultado do antibiograma.

RESULTADOS E CONCLUSÕES

Analise o resultado do antibiograma, presente na figura acima. Qual dos antibióticos, presente nos discos (1 a 13), seria o mais adequado para tratar essa infecção urinária? Justifique.

____

____

Aula 14

OSSOS, CARTILAGENS E ARTICULAÇÕES

INTRODUÇÃO: O esqueleto humano é constituído por ossos, cartilagens e articulações. Ele dá sustentação ao corpo, participa de movimentos (servindo como apoio para os músculos) e protege alguns órgãos internos (como cérebro, medula espinal, pulmões e coração). O esqueleto é dividido em dois grandes conjuntos: o esqueleto *axial* (ossos da cabeça, coluna vertebral e costelas) e o esqueleto *apendicular* (ossos dos braços, das pernas e as cinturas pélvica e escapular).

OBJETIVOS

- Caracterizar e classificar os ossos e articulações.
- Observar a constituição do esqueleto por meio de modelo anatômico.

MATERIAIS

- modelo anatômico do esqueleto humano
- ossos de boi (fêmur e osso do quadril)

PROCEDIMENTO

1. Observar e analisar os ossos de boi e o modelo anatômico do esqueleto humano.

CONCLUSÕES

Ossos

Complete a tabela abaixo.

Representação	 SEBASTIAN KAULITZKI/SHUTTERSTOCK	 SEBASTIAN KAULITZKI/SHUTTERSTOCK	 SEBASTIAN KAULITZKI/SHUTTERSTOCK	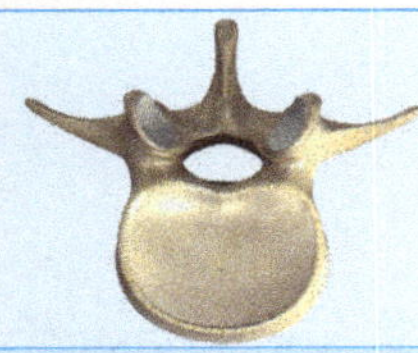 SCIENCEPICS/SHUTTERSTOCK
Classificação quanto à forma				
Definição				
Exemplos				

Coluna vertebral

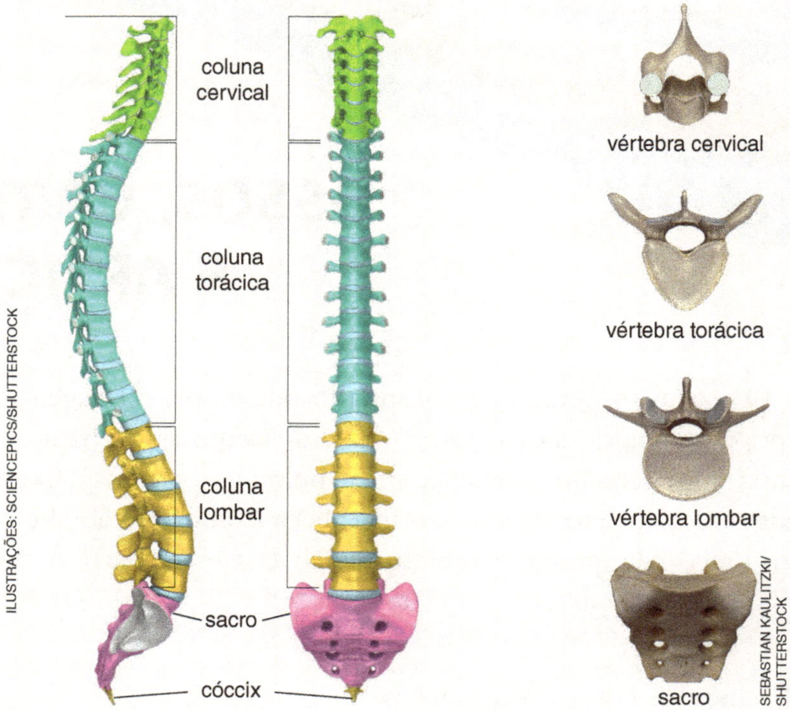

1. Indique a quantidade de vértebras:

______________ que se articulam na sequência e estão unidas por diversos ligamentos, formando um eixo firme.

______________ cervicais.

______________ dorsais.

______________ lombares.

______________ sacrais (unidas formando o sacro).

______________ coccígenas (unidas formando o cóccix).

2. Entre as vértebras temos os discos intervertebrais, formados por ______________________________

____

3. A sobreposição dos orifícios das vértebras forma o ______________________________, que aloja a ______________________________.

Atenção! A medula óssea vermelha é o tecido conjuntivo presente no interior dos ossos longos, onde as células sanguíneas são produzidas.

Articulação

- Definição: ______________________________

____

Complete a tabela abaixo.

Representação	Classificação	Exemplo
SEBASTIAN KAULITZKI/ SHUTTERSTOCK 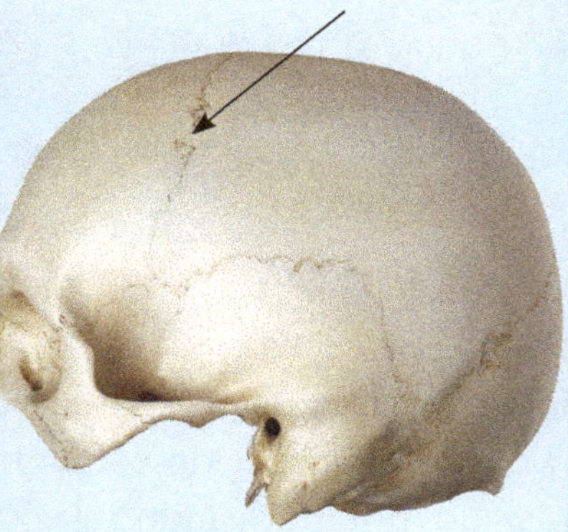		
SEBASTIAN KAULITZKI/ SHUTTERSTOCK 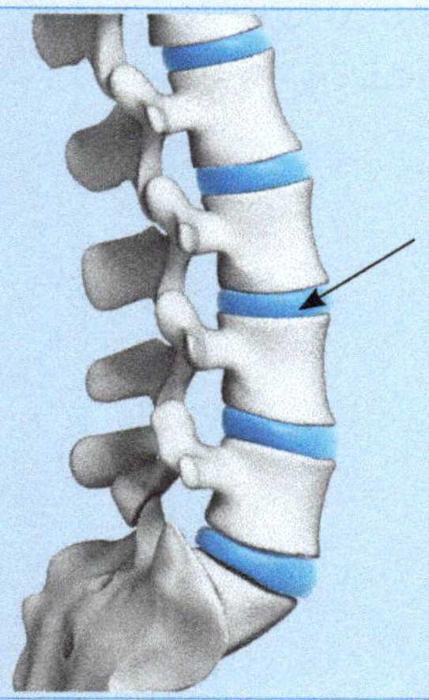		
SEBASTIAN KAULITZKI/ SHUTTERSTOCK 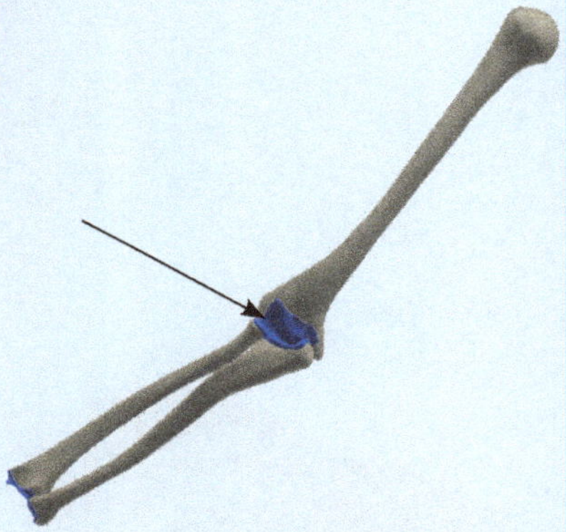		
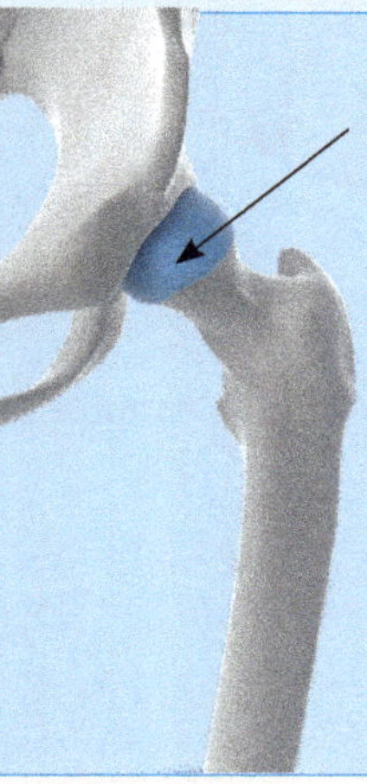 SEBASTIAN KAULITZKI/ SHUTTERSTOCK		

MÚSCULOS ESQUELÉTICOS

INTRODUÇÃO: Os músculos estriados esqueléticos são constituídos por células alongadas e cilíndricas (fibra muscular ou miócito) que têm como principal função a contração. Esse tipo de musculatura geralmente está ligada a um osso por meio de uma estrutura formada por tecido conjuntivo, o tendão. Quando o músculo contrai, ele puxa o osso ao qual está ligado, porém quando relaxa ele não empurra o osso, sendo necessário que outro músculo puxe o osso no sentido oposto, por isso os músculos esqueléticos geralmente atuam em duplas, com movimentos antagônicos.

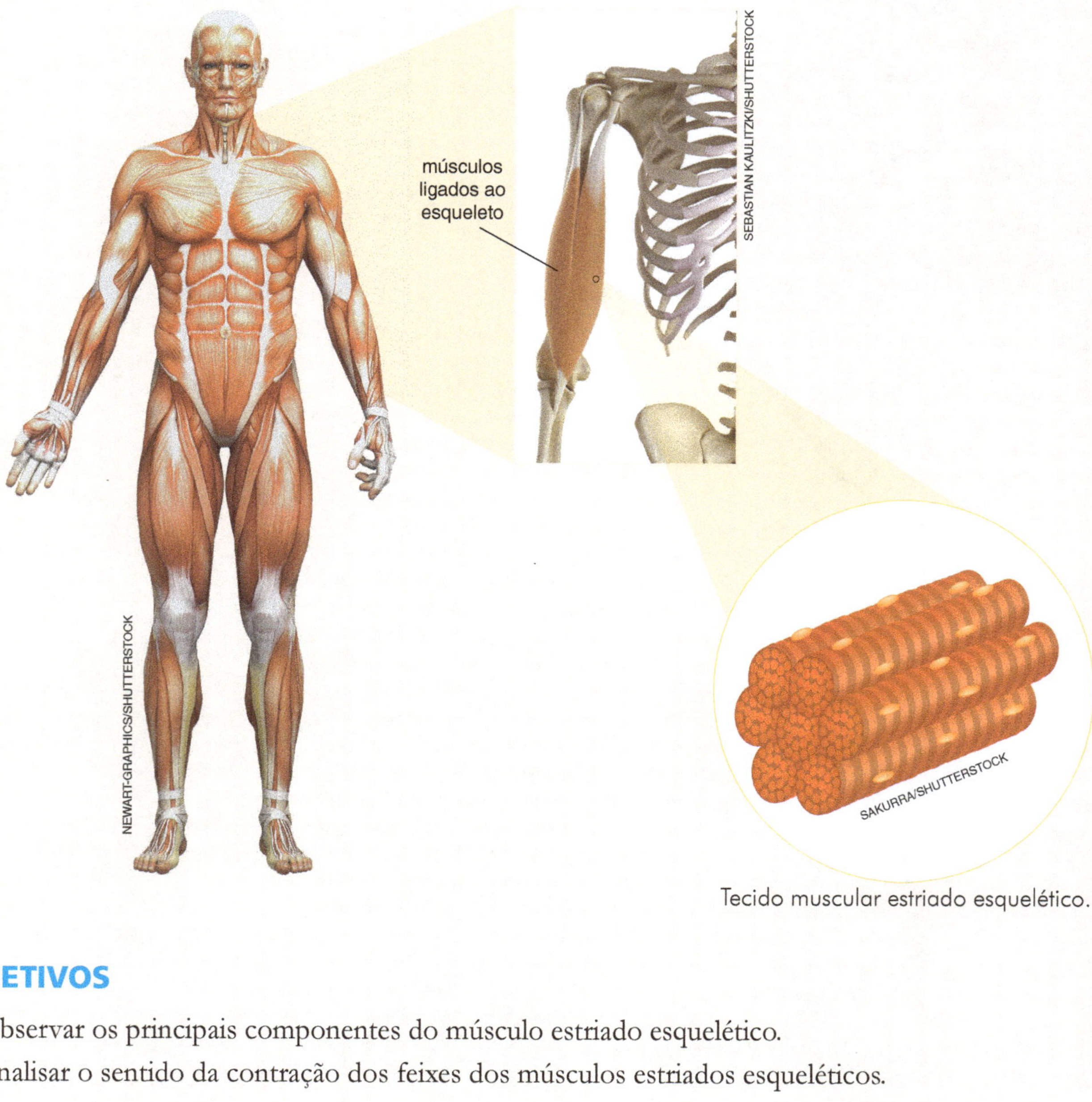

Tecido muscular estriado esquelético.

OBJETIVOS

- Observar os principais componentes do músculo estriado esquelético.
- Analisar o sentido da contração dos feixes dos músculos estriados esqueléticos.

MATERIAL: Músculo de boi (perna)

PROCEDIMENTO

1. Observar e analisar o músculo da perna do boi e o tendão.

RESULTADO

Indique na figura abaixo as estruturas do músculo que podem ser visualizadas no músculo da perna do boi.

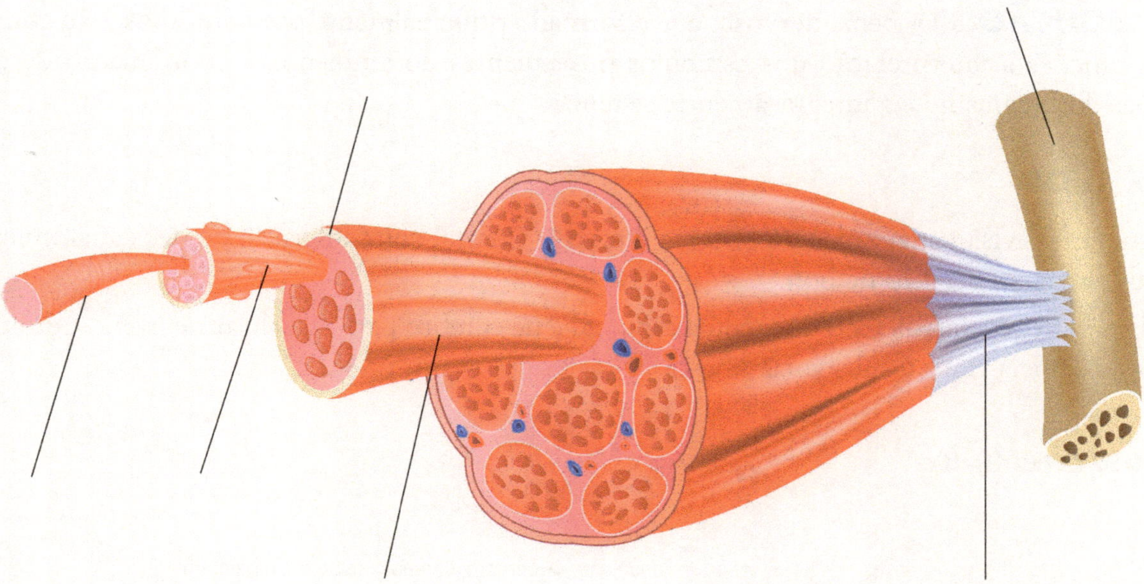

TEGUH MUJIONO/SHUTTERSTOCK

CONCLUSÃO

É possível identificarmos, no músculo da perna do boi, o sentido de contração de cada feixe muscular? Como?

SISTEMA NERVOSO

INTRODUÇÃO: O sistema nervoso, que é formado principalmente por neurônios, tem como principais funções a interpretação dos estímulos provenientes do ambiente, a coordenação de diversas funções do organismo e a integração entre sistemas.

OBJETIVOS

- Estudar a divisão anatômica do Sistema Nervoso Central com utilização de peça anatômica (cérebro humano e cérebro de boi).
- Observar corte histológico de medula espinhal e de cérebro para visualizar neurônios, diferenciando substância cinza e substância branca.

Divisão anatômica

- Sistema nervoso
  - central
    - encéfalo → cérebro, cerebelo, tálamo e hipotálamo
    - tronco encefálico → bulbo, ponte e mesencéfalo
    - medula espinhal
  - periférico
    - nervos cranianos
    - nervos espinais

MATERIAIS

- modelo anatômico
- cérebro conservado em formol
- lâmina histológica preparada com corte de medula espinhal e de cérebro.
- figuras
- microscópio

PROCEDIMENTO

Atividade 1

1. Observar a figura ao lado (corte frontal do encéfalo), indicar suas subdivisões e a disposição da substância cinza e da substância branca.

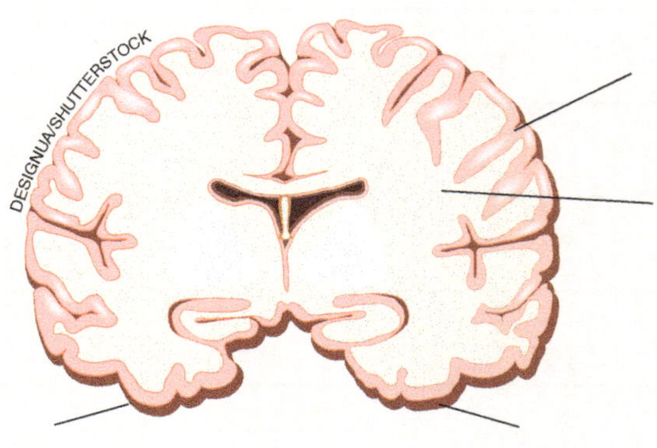

Atividade 2

1. Observar a peça anatômica, identificar suas partes e completar a figura.

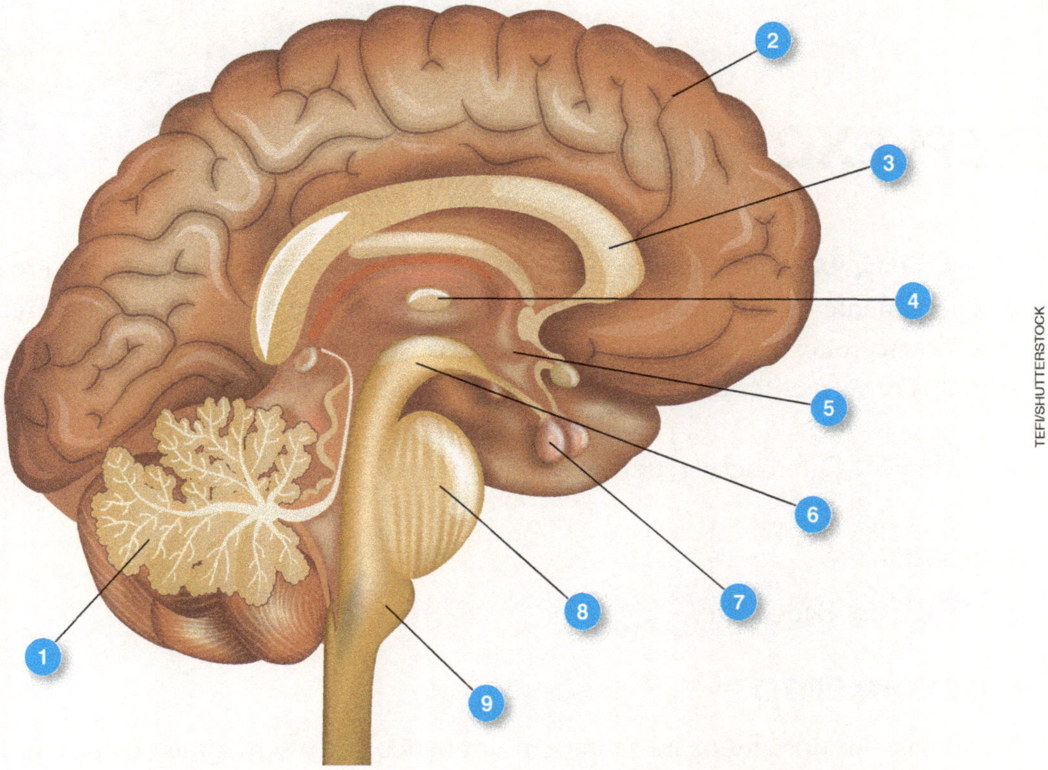

Atividade 3

1. Observar a lâmina, no microscópio, e completar a figura.

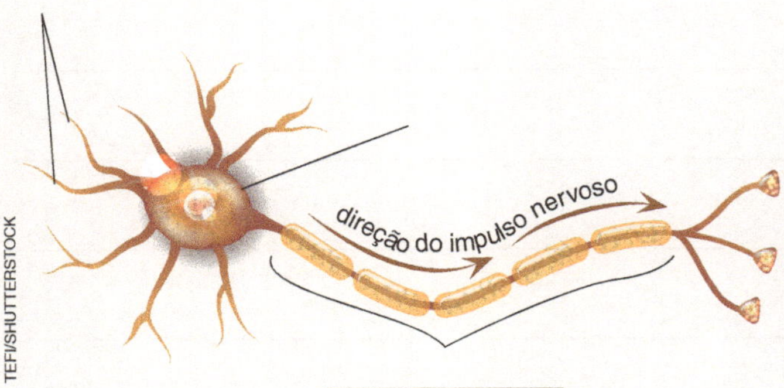

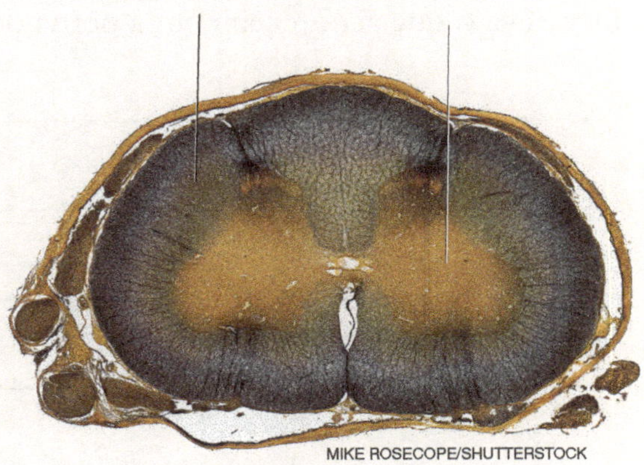

CONCLUSÃO

Diferencie, quanto à composição, a substância cinza da substância branca.

Aula 17

REFLEXO E REAÇÃO

INTRODUÇÃO: O reflexo ou ato reflexo é uma resposta involuntária, muito rápida, que é comandada geralmente pela medula espinhal, ou seja, ele independe da atuação do cérebro. A reação, ao contrário do ato reflexo, é uma resposta voluntária que depende da interpretação cerebral dos diferentes estímulos provenientes do ambiente para ser gerada.

OBJETIVO: Diferenciar reflexo e reação.

Experimento 1

MATERIAL: Banco alto.

PROCEDIMENTO

Em duplas, um dos alunos irá sentar em um banco (alto) sem apoiar os pés no chão, enquanto outro aluno irá bater com a mão (aberta ou fechada) no joelho (abaixo da patela) do colega sentado.

RESULTADOS E CONCLUSÕES

1. Descreva o que aconteceu com a perna do aluno que recebeu a batida no joelho.

____

____

____

____

2. Esse movimento é voluntário ou involuntário? Descreva o caminho do impulso nervoso para que esse movimento ocorra.

____

____

____

____

____

Experimento 2

MATERIAL: Régua de plástico de 30 cm.

PROCEDIMENTO

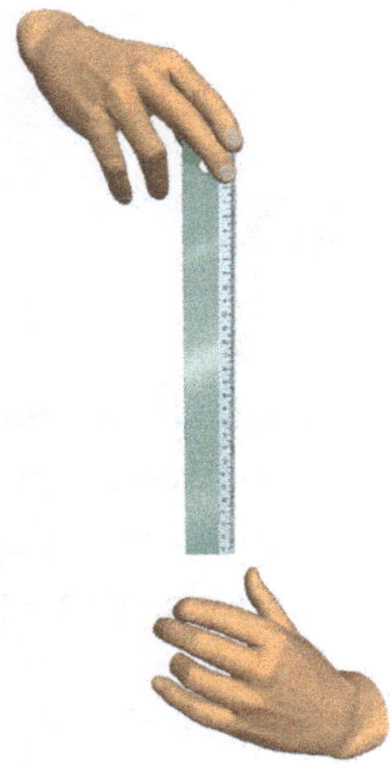

DAWIDSON FRANÇA/acervo da editora

1. Em duplas, enquanto um dos alunos segura a régua, verticalmente no ar, pela extremidade posterior (lado dos 30 cm), o outro aluno coloca sua mão ao redor da outra extremidade da régua (lado do 0 cm), como ilustrado na figura ao lado.
2. Assim que o aluno soltar a régua, o outro aluno deverá tentar pegá-la.
3. Anotar a posição da régua (em cm), onde o aluno conseguiu segurá-la.
4. Repetir o mesmo procedimento mais duas vezes.

RESULTADOS

Tentativa	Medida (cm)
1ª	
2ª	
3ª	

CONCLUSÕES

1. A partir dos resultados obtidos, pode-se concluir que o movimento realizado é um ato reflexo ou uma reação? Justifique.

____

____

____

____

____

2. Qual é a diferença, em relação aos resultados obtidos nos dois experimentos, entre um ato involuntário (reflexo) e uma reação?

____

____

____

____

____

VISÃO

INTRODUÇÃO: A visão é o sentido humano que capta, por meio de fotorreceptores, a energia luminosa (luz) presente no ambiente. Os fotorreceptores presentes nos olhos transformam esse estímulo luminoso em impulsos nervosos que são transmitidos até o cérebro, que é o responsável pela criação de uma imagem a partir dessas informações que foram retiradas do meio.

OBJETIVOS

- Estudar a anatomia do olho com o uso de modelo anatômico.
- Entender o funcionamento do olho por meio da utilização de uma câmara escura.

Atividade 1

MATERIAL: Modelo anatômico do olho humano

PROCEDIMENTO

1. Observar a peça anatômica e identificar as estruturas na figura a seguir.

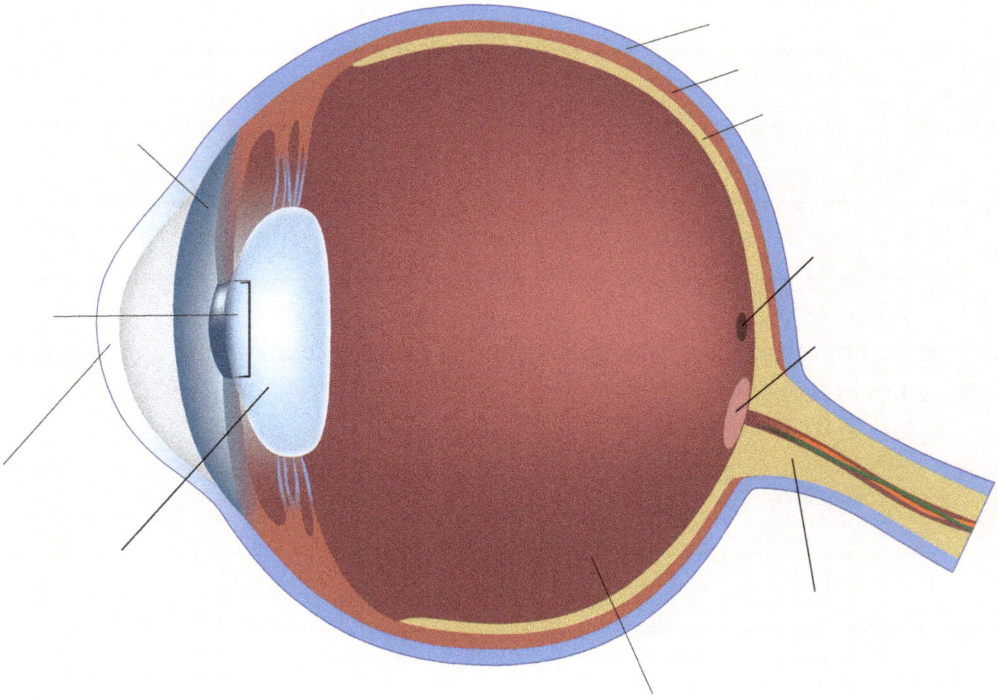

ALILA MEDICAL MEDIA/SHUTTERSTOCK

RESULTADOS

1. Qual é a importância do olho possuir meios transparentes? Quais são eles?

2. Como o cristalino se acomoda para que as imagens sejam focalizadas na retina?

Atividade 2

MATERIAL: Câmara escura.

PROCEDIMENTO

1. Observar o funcionamento de uma câmara escura.

RESULTADOS E CONCLUSÕES

1. Desenhe a imagem formada no esquema da câmara escura ao lado. Descreva como é essa imagem.

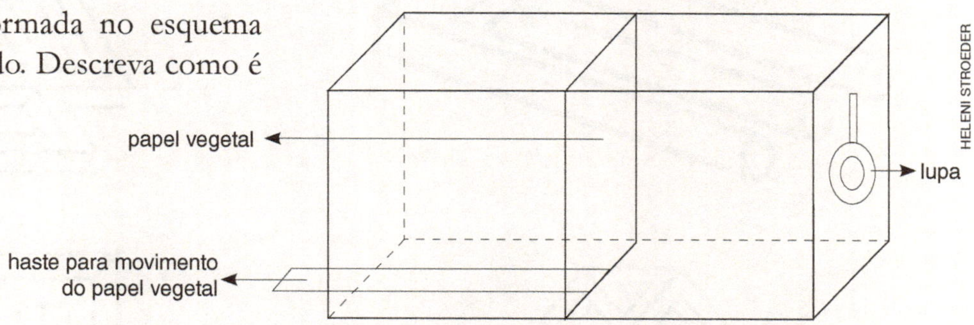

2. O que determinadas partes ou ações realizadas na câmara escura representam quando comparadas ao olho humano? Complete a tabela a seguir.

Na câmara escura	No olho humano
Lupa	
Papel vegetal	
Movimento do papel vegetal	

ILUSÃO DE ÓPTICA

INTRODUÇÃO: Algumas vezes, o processamento dos estímulos visuais pelo cérebro tem como resultado uma interpretação errada, sendo difícil para ele interpretar corretamente uma imagem. Esse tipo de imagem pode ser chamada de "ilusão de óptica".

OBJETIVO: Perceber a relação do olho com o cérebro.

Atividade 1

MATERIAIS: Figuras

PROCEDIMENTO

1. Observar as figuras propostas e explicar o que há de errado com elas.

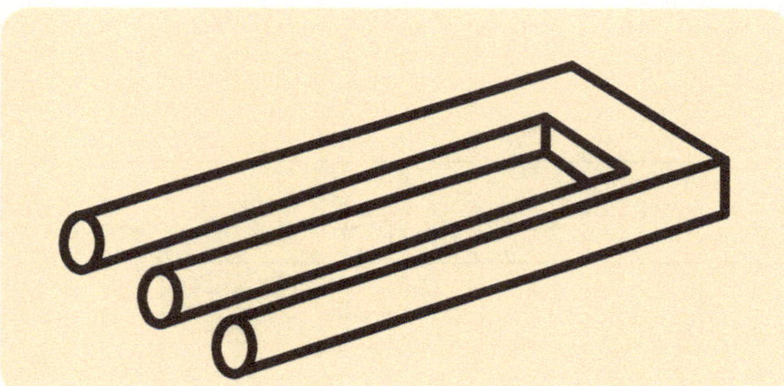
VITALIKEN/SHUTTERSTOCK

VITALIKEN/SHUTTERSTOCK

VITALIKEN/SHUTTERSTOCK

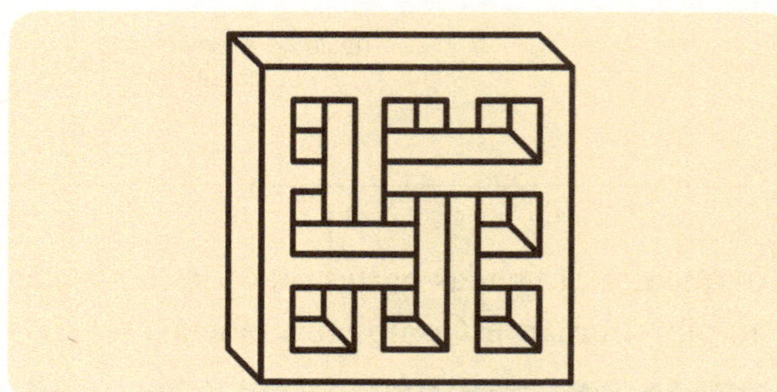
VITALIKEN/SHUTTERSTOCK

CHRIS THE COMPOSER/SHUTTERSTOCK

BY HUNTHOMAS/SHUTTERSTOCK

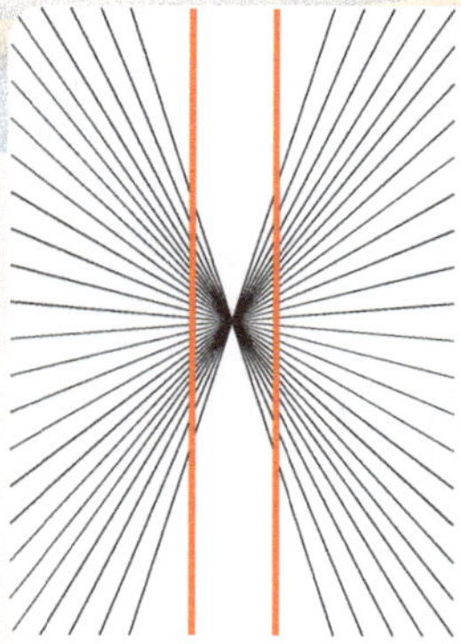

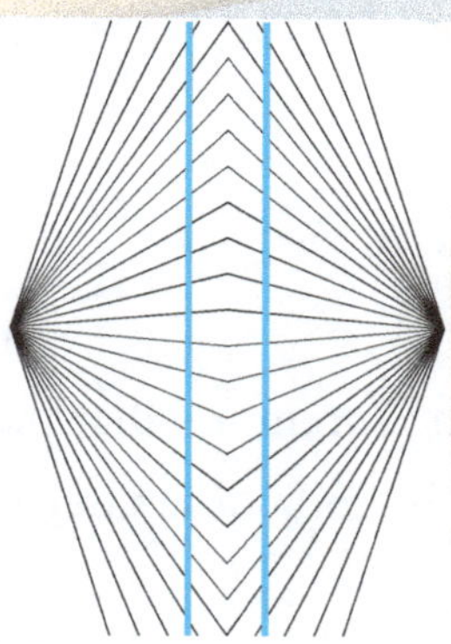

VITALIKEN/SHUTTERSTOCK

VITALIKEN/SHUTTERSTOCK

Olhe abaixo e diga as CORES, não as palavras:

AMARELO AZUL LARANJA
PRETO VERMELHO VERDE
ROXO AMARELO VERMELHO
LARANJA VERDE PRETO
AZUL VERMELHO ROXO
VERDE AZUL LARANJA

Conflito no Cérebro!

O lado direito do seu cérebro tenta dizer a cor, mas o lado esquerdo insiste em ler a palavra.

Atividade 2

MATERIAL: Figura

PROCEDIMENTO

1. Aproximar a imagem, ao lado, do nariz, sem focalizar a imagem, como se estivesse olhando para um ponto distante.

REPRODUÇÃO

CONCLUSÃO

Interprete o que ocorre quando, ao aproximar a figura dos ossos olhos, é observado que o passarinho está dentro da gaiola.

Atividade 3

MATERIAL: Figura

PROCEDIMENTO

1. Olhar para a imagem abaixo, tampar o olho direito e olhar para a cruz.
2. Aproximar ou afastar a imagem até que a bolinha desapareça.

CONCLUSÃO

Explique o que ocorre em nossos olhos para que a imagem da bolinha não seja formada.

Aula 20

GUSTAÇÃO E OLFATO

INTRODUÇÃO: A gustação e o olfato são dois sentidos que captam, através de quimiorreceptores, substâncias químicas presentes nos alimentos (gustação) ou no ar (olfato).

Por meio da gustação percebemos o gosto dos alimentos, que pode ser classificado como: doce, amargo, azedo, salgado ou umami.

Por meio do olfato podemos captar os diferentes odores presentes no ar. A sensação do sabor, que muitas vezes é confundida com a sensação de gosto, na realidade é a percepção, simultânea, pela gustação e pelo olfato, de uma mistura de substâncias químicas que são liberadas pelos alimentos.

Experimento 1

OBJETIVO: Perceber a distribuição dos receptores gustatórios na língua.

MATERIAIS: Copos descartáveis com água tônica.

PROCEDIMENTO

1. Experimentar a água tônica usando apenas a ponta da língua.
2. Agora, experimentar a água tônica engolindo o líquido e deixando-o atingir a parte posterior da língua.

CONCLUSÃO

Você já deve ter tomado um remédio que inicialmente é doce e depois fica amargo. Explique por que isso acontece.

Experimento 2

OBJETIVO: Relacionar gustação e olfato.

MATERIAL: Alimento-surpresa.

PROCEDIMENTO

1. Permanecer de olhos fechados e nariz tapado, enquanto um companheiro coloca o alimento-surpresa em sua boca.
2. Dizer se sente ou não o gosto e o sabor antes de destapar o nariz, e depois comparar o sabor do alimento com o nariz destapado.

RESULTADO E CONCLUSÃO

Você sente ou não o sabor com o nariz tapado? E depois de destapar o nariz? Explique.

____

____

____

____

Aula 21

TATO

INTRODUÇÃO: A captação do tato ocorre ao longo de toda a pele do ser humano. Através da pele é possível detectar, por meio de corpúsculos e de terminações nervosas livres presentes na derme, o toque e a pressão.

OBJETIVO: Perceber, em diferentes locais do corpo, a distância entre os receptores de tato.

MATERIAIS

- duas canetas de cores diferentes
- régua
- compasso com uma das pontas substituída por palito de dentes

Experimento 1

PROCEDIMENTO

1. Realizar a atividade em duplas.
2. Com uma das canetas, um aluno faz uma marca (ponto) no antebraço do colega, que estará com os olhos fechados. Este, por sua vez, com a outra caneta, deverá fazer outro ponto o mais próximo que conseguir do local onde sentiu o toque do colega. Anotar a distância entre os pontos assinalados.
3. Repetir esse procedimento mais duas vezes.
4. O mesmo procedimento deverá ser feito na mão e nos dedos.
5. Repetir todos os procedimentos com o outro aluno da dupla.

RESULTADOS

Primeiro aluno	Braço	Mão	Dedo
1ª medida			
2ª medida			
3ª medida			
Média			

Segundo aluno	Braço	Mão	Dedo
1ª medida			
2ª medida			
3ª medida			
Média			

CONCLUSÃO

Por que há diferença nas medidas realizadas nos três locais?

Experimento 2

PROCEDIMENTO

1. Realizar a atividade em duplas.
2. Abrir o compasso aproximadamente 3 cm e pressionar levemente as 2 pontas do compasso no antebraço do colega. O aluno deverá fechar gradativamente o compasso e novamente pressioná-lo levemente no antebraço do colega até ele sentir a pressão em um só ponto.
3. A distância deverá ser medida e anotada.
4. Repetir esse procedimento na mão e no dedo.
5. O mesmo procedimento deverá ser feito no outro aluno da dupla.

RESULTADOS

Primeiro aluno	Distância
braço	
mão	
dedo	

Segundo aluno	Distância
braço	
mão	
dedo	

CONCLUSÃO

Explique, por meio de esquemas, o resultado do Experimento 2.

Aula 22

MÉTODOS CONTRACEPTIVOS (I)

INTRODUÇÃO: Para evitar uma gestação indesejada podem-se adotar determinados métodos, chamados de contraceptivos. Alguns desses métodos, como a camisinha, além de evitar uma possível gestação, também podem prevenir a contração de uma doença sexualmente transmissível, como, por exemplo, a AIDS, a gonorreia e a sífilis.

OBJETIVO: Reconhecer os métodos anticoncepcionais mais comuns.

MATERIAIS

- camisinha masculina
- camisinha feminima
- diafragma
- DIU
- modelos anatômicos masculino e feminino

PROCEDIMENTO

1. Observar a camisinha masculina e a feminina.
2. Colocar as camisinhas nos modelos anatômicos.
3. Observar o diafragma e colocá-lo no modelo anatômico.
4. Observar o DIU.

MÉTODOS CONTRACEPTIVOS DE BARREIRA: são aqueles que impedem o encontro do espermatozoide com o óvulo.

CONCLUSÕES

1. Camisinha masculina

Vantagens: ____

____

Desvantagens: ____

____

2. Camisinha feminina

Vantagens: ____________________

____

Desvantagens: ____________________

____

3. Diafragma

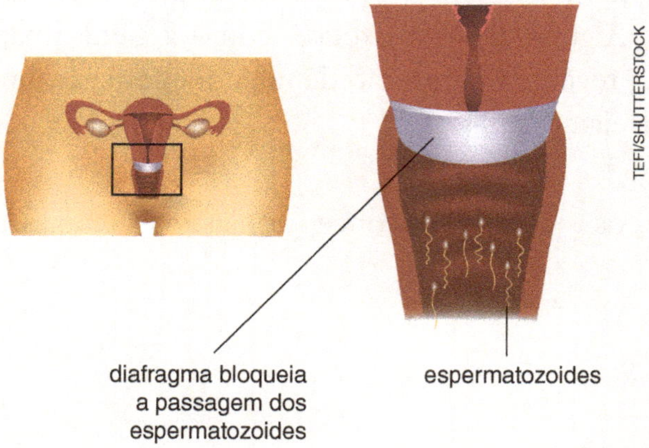

Vantagens: ____________________

____

Desvantagens: ____________________

____

4. DIU (dispositivo intra-uterino)

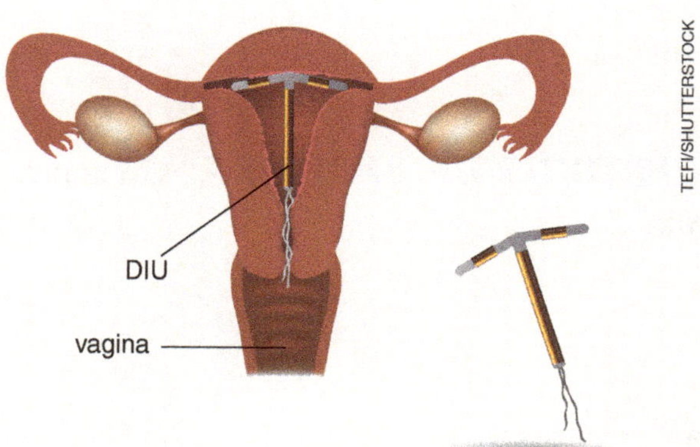

Vantagens: ____________________

____

Desvantagens: ____________________

____

Aula 23

MÉTODOS CONTRACEPTIVOS (II)

MÉTODOS CONTRACEPTIVOS HORMONAIS: utilizam hormônio para evitar a gravidez.

MATERIAIS

- amostras de pílula anticoncepcional
- pílula anticoncepcional de emergência (PAE)
- anticoncepcional injetável
- implante

PROCEDIMENTO

1. Observar as amostras.

CONCLUSÕES

1. Pílula anticoncepcional

Vantagens: ____

____

____

Desvantagens: ____

____

____

2. Anticoncepcional injetável (1 a 3 meses)

Vantagens: ____

____

____

Desvantagens: ____

____

____

3. **Adesivo (semanal)**

Vantagens: ____

____

____

Desvantagens: ______________________________________

____

____

4. **Implante**

Vantagens: ____

____

____

Desvantagens: ______________________________________

____

____

5. **PAE (pílula anticoncepcional de emergência)**

Vantagens: ____

____

____

Desvantagens: ______________________________________

____

____

Aula 24

MÉTODOS CONTRACEPTIVOS (III)

MÉTODOS CONTRACEPTIVOS COMPORTAMENTAIS: também conhecidos como métodos naturais. Consistem em evitar relações sexuais ou a ejaculação no canal vaginal durante o período fértil feminino.

1. **Coito interrompido:** quando o homem sente que está prestes a ejacular, durante uma relação sexual, ele retira o pênis da vagina e ejacula fora dela.

   Vantagens: ____

   ____

   ____

   Desvantagens: ____

   ____

   ____

2. **Tabelinha:** utiliza-se um calendário para determinar o período em que a mulher está fértil, seguindo o esquema ao lado. Durante esse período o casal deve evitar ter relações sexuais ou utilizar outro método contraceptivo para evitar uma possível gravidez.

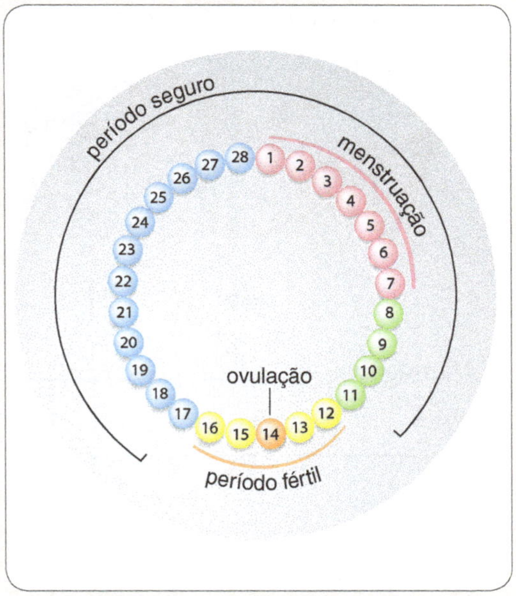

MIUCCI/SHUTTERSTOCK

   Vantagens: ____

   ____

   ____

   Desvantagens: ____

   ____

   ____

MÉTODOS CONTRACEPTIVOS CIRÚRGICOS: por meio do bloqueio de canais (canais deferentes e tuba uterina) evita-se o encontro do espermatozoide com o óvulo. Esses métodos geralmente são definitivos.

1. Vasectomia

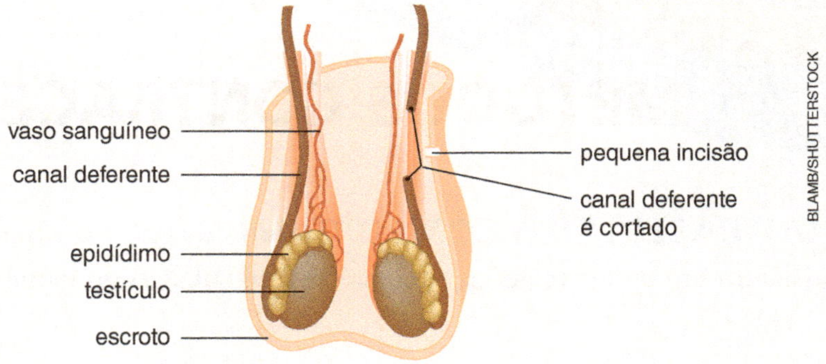

Vantagens: ____

____

____

Desvantagens: ____

____

____

2. Laqueadura

Vantagens: ____

____

____

Desvantagens: ____

____

____

Aula 25

GENÉTICA

INTRODUÇÃO: A genética é uma área das Ciências Biológicas que estuda os genes, estruturas que determinam as diferentes características dos seres vivos e como são transmitidas ao longo das gerações.

OBJETIVO: Reconhecer algumas características genéticas e discutir se é possível determinar a dominância ou recessividade dessas características.

MATERIAL: Os próprios alunos.

PROCEDIMENTO: Contar o número de alunos com determinada característica e verificar se há dominância ou não no caráter.

RESULTADOS: Utilize D para característica dominante e R para recessiva.

Característica	Nº de alunos	D ou R	Característica	Nº de alunos	D ou R
Lobo da orelha livre			Lobo da orelha presa		
Míope			Visão normal		
Canhoto			Destro		
Sem covinha			Com covinha		
Com sarda			Sem sarda		
Sensibilidade ao PTC			Insensibilidade ao PTC		
Enrola a língua			Não enrola a língua		
Cinco dedos			Mais de cinco dedos		
Cabelo com bico de viúva			Cabelo sem bico de viúva		
Cruza os braços com o esquerdo por cima			Cruza os braços com o direito por cima		

ANÁLISE DE CARIÓTIPO

INTRODUÇÃO: Ao conjunto de cromossomos de uma célula do corpo, que não é um gameta, é dado o nome de cariótipo. No ser humano, o cariótipo normal para o sexo masculino é 44XY e para o sexo feminino é 44XX.

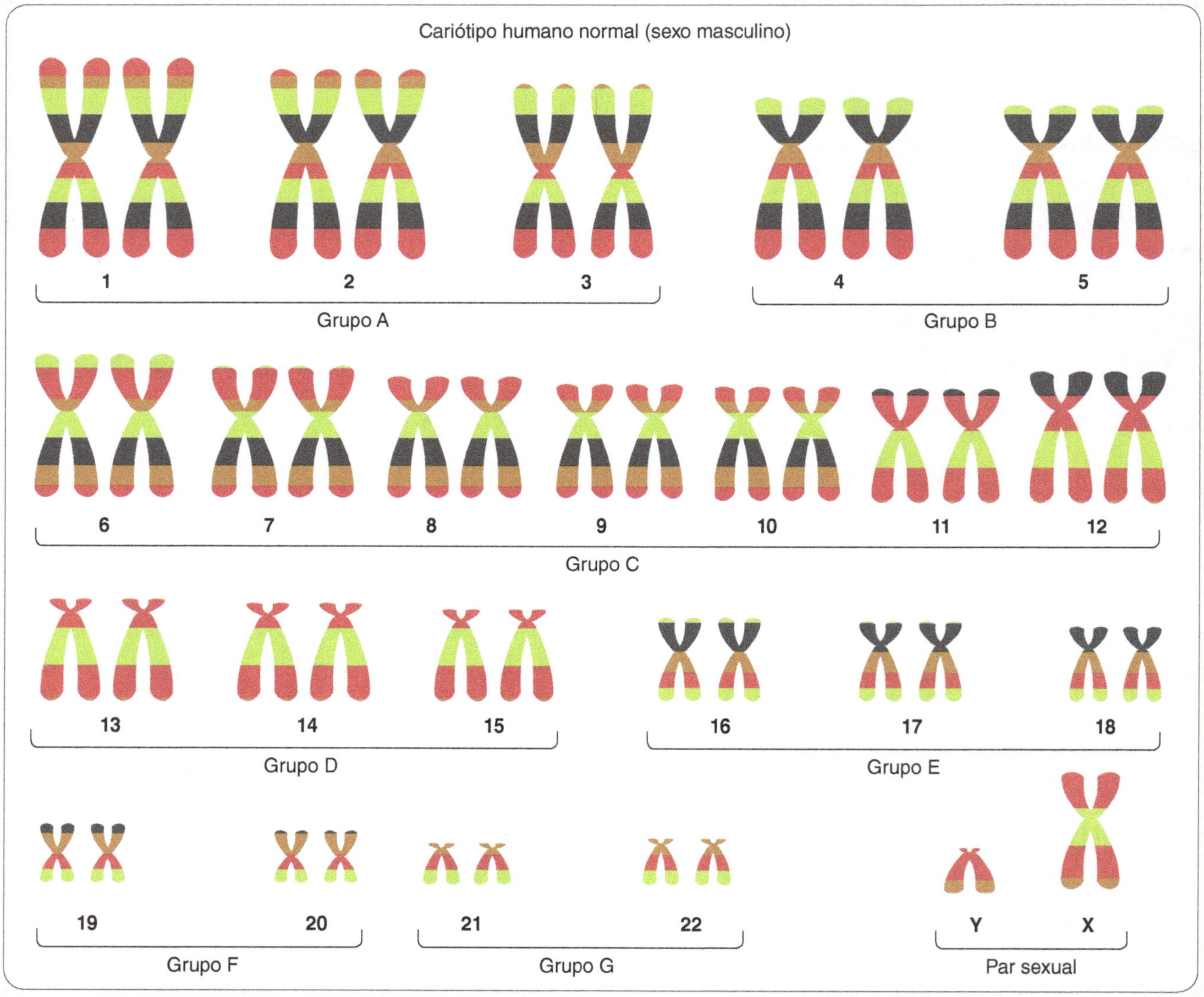

CAPREOLA/SHUTTERSTOCK

A análise do cariótipo pode permitir a detecção de algumas síndromes cromossômicas, como, por exemplo:

a) Síndrome de Klinefelter – 44XXY

Indivíduo do sexo masculino com aparelho reprodutor aparentemente normal, podendo apresentar testículos pequenos, retardamento mental, estatura elevada, obesidade etc.

b) Síndrome de Turner – 44X

Indivíduo do sexo feminino que não apresenta desenvolvimento das gônadas, geralmente de baixa estatura, com pregas pterigonucais (pescoço alargado ou alado) etc.

c) Síndrome de Down – 45XX (+ 21) ou 45XY (+ 21)

Indivíduo que pode apresentar deficiência mental (em vários graus), língua protusa e frequentemente fissurada, dentição irregular, membros curtos em relação ao tórax etc.

OBJETIVO: Perceber a importância da análise do cariótipo na detecção de determinadas síndromes genéticas.

MATERIAL: Representações gráficas individuais de cromossomos humanos.

PROCEDIMENTO: Analisar os cariótipos 1 e 2, identificando os cromossomos. Utilizar o cariótipo normal como base e identificar a possível síndrome representada pelos cariótipos em questão.

Cariótipo 1

CAPREOLA/SHUTTERSTOCK

RESULTADO

Cariótipo: ____

Possível diagnóstico: ____

RESULTADO

Cariótipo: ____

Possível diagnóstico: ______________________________________

Anexo – ATLAS DE HISTOLOGIA

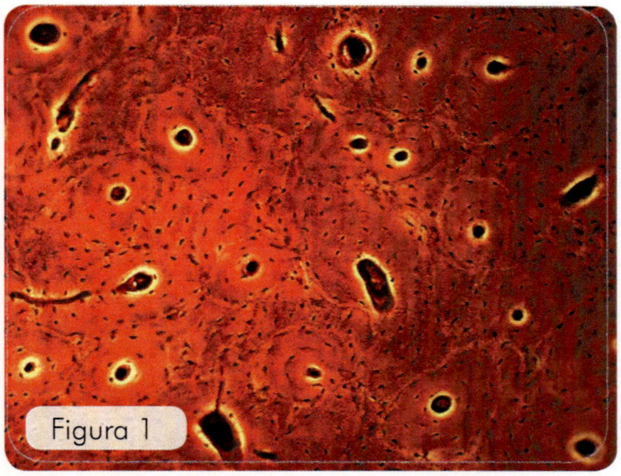
Figura 1

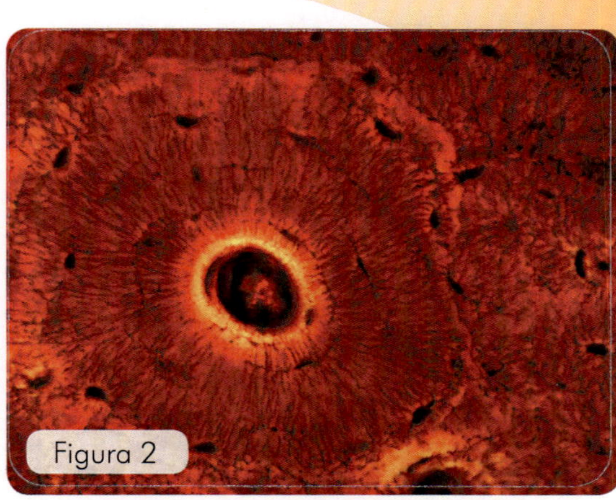
Figura 2

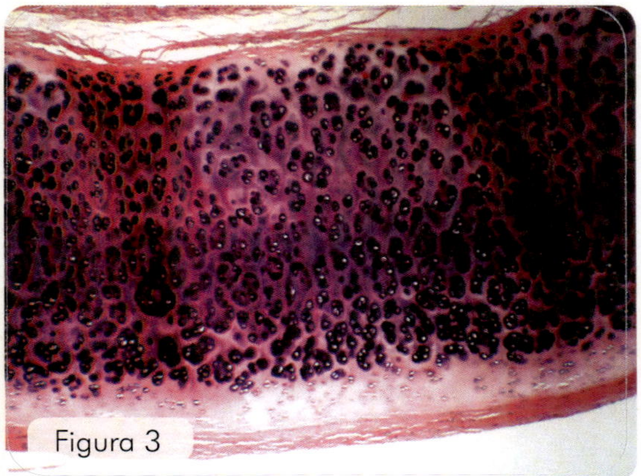
Figura 3

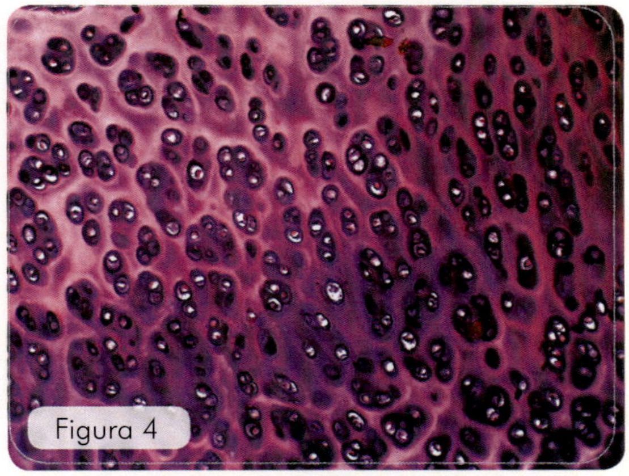
Figura 4

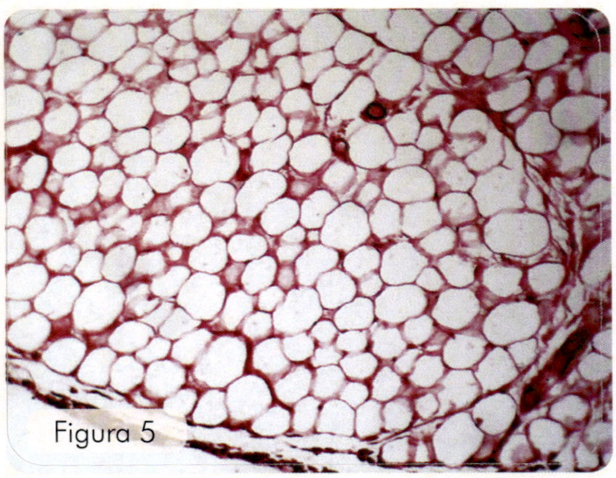
Figura 5

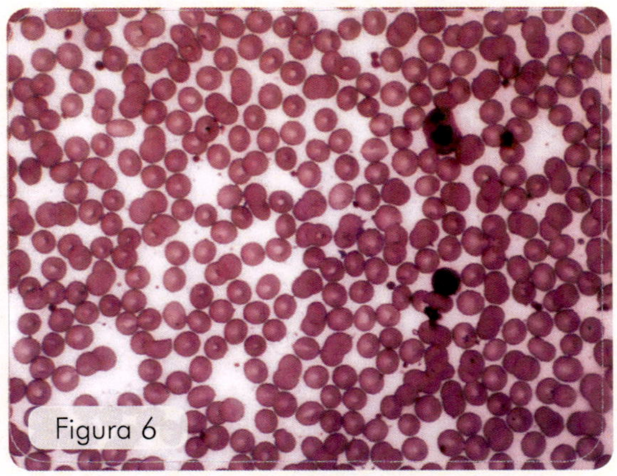
Figura 6

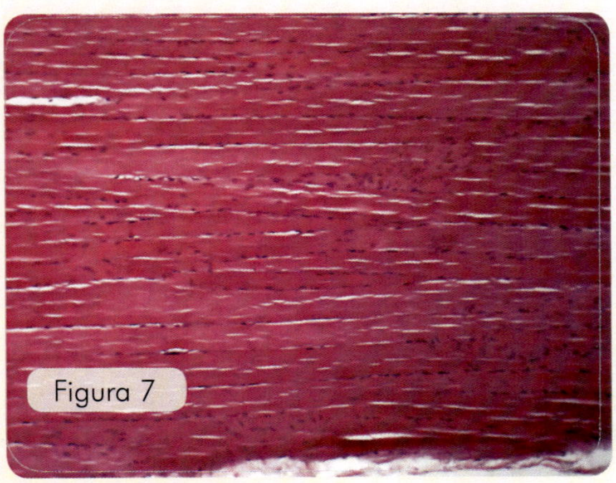
Figura 7

FOTOGRAFIAS: HELENI STROEDER/SUZANA SOUZA SOUTO DE OLIVEIRA

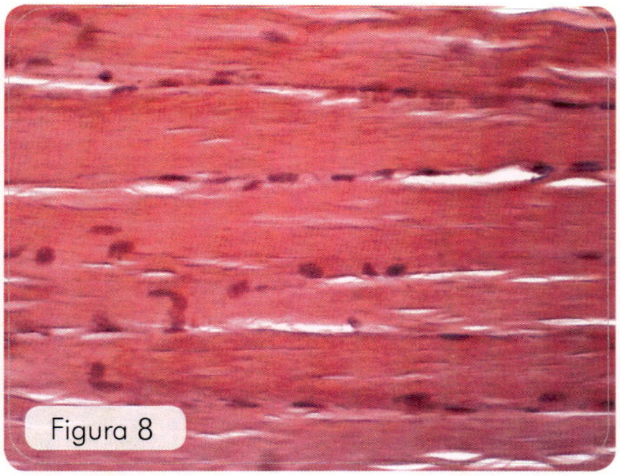
Figura 8

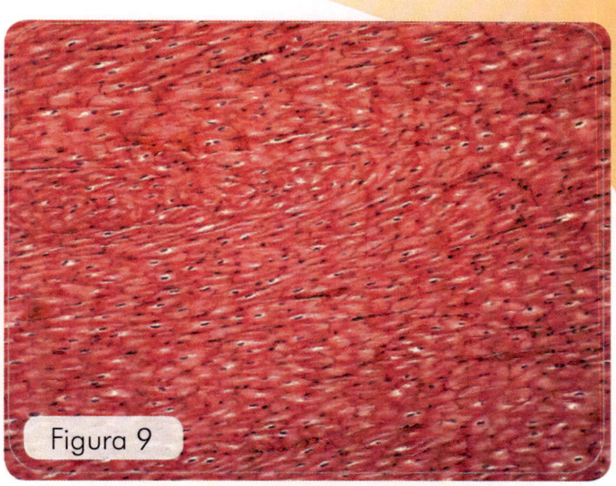
Figura 9

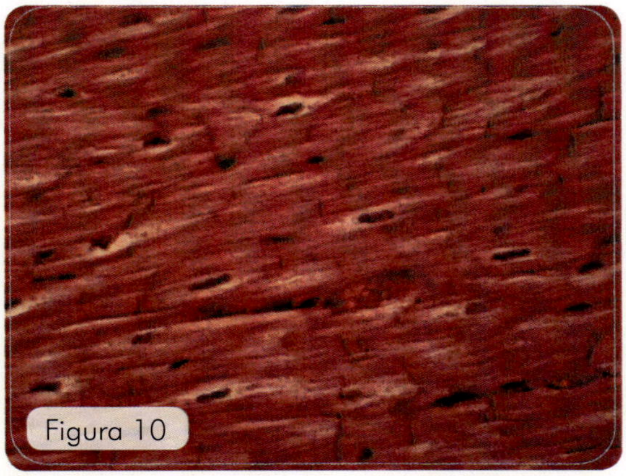
Figura 10

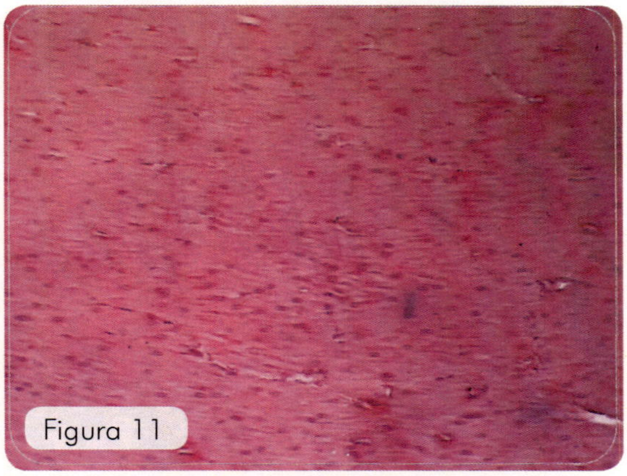
Figura 11

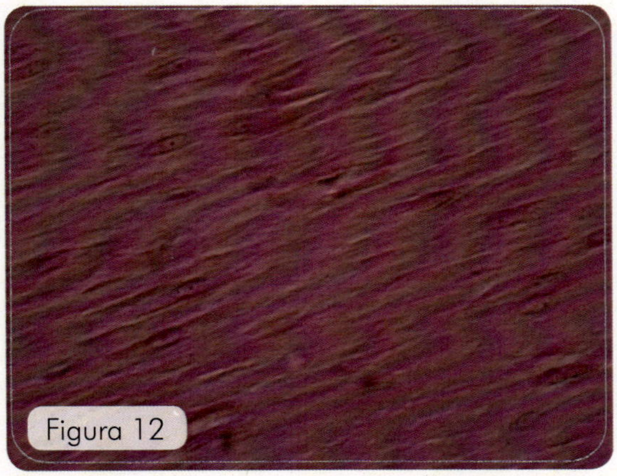
Figura 12

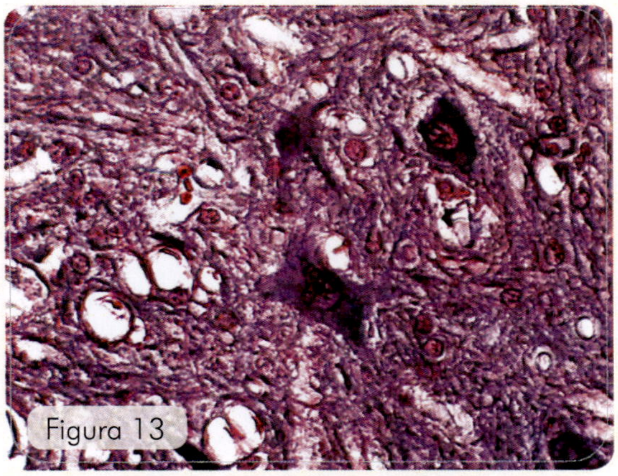
Figura 13

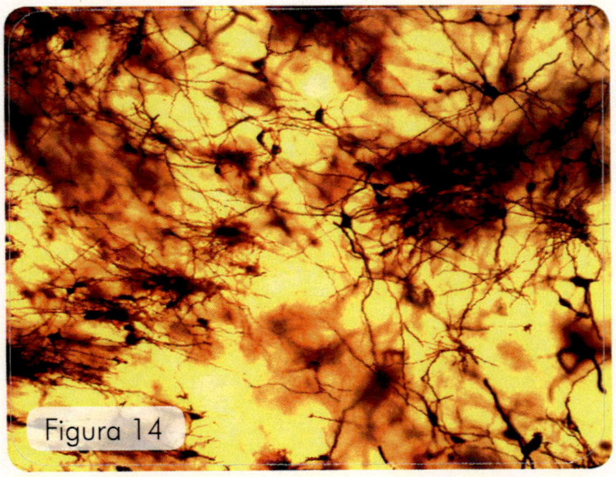
Figura 14

FOTOGRAFIAS: HELENI STROEDER/SUZANA SOUZA SOUTO DE OLIVEIRA